Social Skill Training
for middle school

中高生の
ソーシャルスキル
トレーニング

「話し合い活動」を取り入れた
青年期の諸課題への対応

熊谷恵子・熊上 崇・坂内 仁［編著］

金子書房

もくじ

理 論 編

1．本書の目的

　本書は，中高生が社会に出てからも必要となるソーシャルスキルを，実践的に学ぶことを目的としている。

　総合的な時間やホームルームといった学校での活用を想定し，1テーマ50分で完結するように構成している。単元のテーマのほか，使用する資料や教示例，板書例なども具体的に示し，気になるテーマからすぐに実践できるように工夫してある。学級や生徒の実態に合わせ，アレンジして使っていただきたい。

　では，なぜ，学校でソーシャルスキルを学ぶ必要があるのか。

　それは，筆者らがソーシャルスキルの課題を抱える中高生と出会ってきたからである。ソーシャルスキルに関しては学校などで意図的に身に付ける機会があまりなく，未学習のまま苦戦していると感じる中高生も多かった。そこで，筆者らは，気になる場面を生徒の共通課題として取り上げ，ソーシャルスキルを学ぶ授業を行ってきたのである。

　筆者らは，授業でソーシャルスキルを学ぶことの有用性を感じてきた。これまでの実践を紹介し，ソーシャルスキルを学ぶ機会の一つにしてもらいたいと考えたのである。

2．現代の中高生の問題

　現代っ子，とりわけ現代の中高生の社会性には，どのような特徴があるだろうか。そもそも就学前から，誰と遊ぶか，どれくらい遊ぶかを保護者に決められたり，小学校段階から塾通いや習い事をしたりして，長い時間を自分で好きに使うことができない子が多い。自分の意思で学校選びをして，自分のやりたいことに時間をかける，また，友だちと偶然出会って，自然に遊ぶことになる機会はほとんどないように思う。

　また，発達障害の存在が最近よく知られてきた。発達障害のある子どもたちは，認知能力や発達全般にアンバランスさがあり，一概に，何年生レベルのことが習得できる，と言えない子どもたちである。このような子どもたちは，人と付き合うことにおいても発達のアンバランスさのために，相手を理解したり自分の気持ちを適切に表明したりすることが苦手な場合が多いように思う。学校生活では，人付き合いがあまりできなくても，大きなつまずきにはならないのかもしれない。そして，そのスキルを向上させないままに，大学等の高等教育機関に進学するための受験勉強に追われる。学力を上げれば，受験には成功し，自分の志望する大学へ進学し，好きな専門分野を勉強する機会を得る。成長するにつれ本人の生活からは，徐々に大人が介入する度合いが減るが，基本的な対人関係スキルや生活スキルを身に付けていないために，他者に助けを求めることができず，他人からの連絡に応えられない，メールに返信できな

い，自分で自分の日常生活をコントロールできないなどの問題が起こり，学校からドロップアウトしてしまうことにもつながる。この段階ではまだ社会人になっていないため，失敗が目立たない場合もある。しかしその後，大学等を卒業して，いざ社会人として職業をもって貢献する立場になると，対人関係スキルや生活スキルがあまりにも低いがために，いくら学力が高く有名大学を卒業していようとも途端に社会からドロップアウトしてしまうことも起こる。

　このようなことから，発達障害のある人であれ，そうでない人であれ，人との付き合い方を学ぶことは重要であると考えられる。

3．中高生が身に付けるべきスキル

　人の発達や成長の中で中高生の時に身に付けるべき対人関係スキルや生活スキルは，小学生の時とは異なる。思春期・青年期には，「自我の確立」や「異性に対する興味の目覚め」などがある。自分がどのような人間なのかを自身に問うためには，他の人はどんなことを考え，どんなことをするのだろうかなど，他人に対する興味関心をもつことが必要である。

　特に中学生たちはこの時期，チャムグループというグループを構成し，自分たちの仲間意識をもち，人と異なることに大きく反応し，「同じ」「等質」であることにこだわる。例えば，「私たちは，○○の共通な話題がある」「僕たちは，趣味が同じである」などで集まることで安心を得るのである。それが時には「私たちは，あの子が嫌い。だから気が合う」などのように，他人を排除し仲間意識を芽生えさせるなど，いじめにつながる可能性もある。

　高校生になると自分と他人との違いが認められるようになるピアグループを構成し，例えば，「私とあの子は違うけど，違っていてもいいわ」という認識となる。たとえ異質な点があろうとも，それを認め合えるようになる。しかし，チャムグループからピアグループへの移行には少し時間がかかる。最近は，ピアグループになる発達時期が遅れているとも言われる。ピアグループへの移行を促すためにも，対人スキルを身に付けることが必要ではないかと思う。

　ところで，現代の中高生たちには輪をかけて，難しい問題が起こっている。その一つに，携帯電話やスマートフォンなどの情報端末を使用するソーシャルネットワーキングシステム（Social Networking System: SNS）の問題がある。これは，任意の小グループでの集まりをネット上で組むことができるものであり，非常に便利な側面もあるが，その使い方に注意しないと，やはりいじめにつながる可能性がある。今やパソコンを持ち歩かなくても，無線LANや携帯・スマホの通信などで，直接その人と会わずして，人とつながることが容易にできるようになり，そのため，予見できない危険も多い。しかも，Facebookなどは実名で登録しているため，一度ネット上に挙げてしまった情報は，隠そうと思っても後の祭りで，世界中に流布してしまうのである。こうしたことから，情報モラル教育や情報リテラシー教育も必要になってくると考えられる。

4．発達障害のある子どもに身に付けてほしいスキル

　上記のような危険は，誰にでもあることだが，特に発達障害があると，自分では周りの状況を認識しにくいなどの理由から，トラブルを起こしたり，巻き込まれたりされやすくなる。

　LD（学習障害／症）のある子どもは，例えば，言われたことを一時的に記憶しておくワーキングメモリーの力が弱いと，人に言われたことをすぐに忘れてしまい，大事な用件が果たせないことにもなりかねない。ADHD（注意欠如多動性障害／症）のある子どもは，行動が衝動的であり，考えればしてはいけないと分かることでも，咄嗟に行動してしまうがために，相手の意に沿わない不愉快なことをしてしまうこともある。また，不注意であるがゆえに，周囲で起こっていることに注目できず，一見無頓着に見えたり，的確に行動できなかったりすることもある。ASD（自閉症スペクトラム障害／自閉スペクトラム症）のある子どもは，対人コミュニケーションに障害があるために，相手の気持ちを察したり，表情を見て相手が何を思っているのか判断したりすることが困難である。

　これらの子どもたちが直面することが予期される問題に備えるために，「〜の場合には〜する」「相手が〜と言ったら，自分は〜と言う」などのように，適切な行動が表出できるよう，社会スキルを身に付けておくことが望ましい。

　また，発達障害のある人たちは，自己理解，セルフモニタリング，セルフコントロールについても，弱さがある場合が多い。そのため，計画を立てて何か目標を達成するためのプロセスを応援する必要もある。

　「自分の長所は〜で，短所は〜である」や「自分はこういう時にはこうなってしまいがちだ」「自分が〜となった時には，〜した方がいい」など，自分の行動について考えておくことは，自分の不適切な行動の予防にもつながる。

5．非行・犯罪との関連で見えてきたスキルの問題

　中高生年代で学校や家庭において抱える問題の一つとして非行や犯罪についても取り上げたい。家庭内暴力や校内暴力，無免許運転などをする子どもの中には，幼少期から学業が苦手であったり，多動・衝動性があり，小学校低学年から学校不適応を起こして，中学校以降に不良グループに入り，生活の乱れや不登校，学校での反抗が目立つ場合が多い。

　例えば性非行（異性への不適切な接触）の原因は，二つのパターンが考えられる。

　一つ目は幼少期から良い子で親の期待のままに過ごしてきたが思春期以降に息切れを起こし，ストレス解消から自分の思い通りになる異性を性の対象としてしまうケースである。この「良い子の息切れ」パターンは，その生徒自身がこれまでの生活歴で息苦しさを感じてきたが，そ

れを誰にも相談できずにいたり，ストレスを解消する方法を身に付けていなかったりすることが原因としてあるため，まずはじっくりと生い立ちや息苦しさに耳を傾け，その上で，相手の立場を考えられるようにソーシャルスキルトレーニングなどで指導していくことが有効である。

　二つ目は，発達障害のうち ASD の傾向のある子どもに見られることが多い。思春期以降に定型発達の子どもと同様に異性への関心を深めるものの，その接近方法を学習する機会がなく，例えばあまり話をしたこともない相手に，SNS やメールなどで「今度会って」などと不適切な連絡をしたり，空いている電車の中で好みの異性を見つけた時に，隣に密着して座ったりしてしまうなどの行為である。

　それだけにとどまらずに，身体に触れてしまったり，後をつけてしまったりなどの行為になると，触法行為となる。このパターンの場合は，犯罪行為をしようと思っているわけではなく，相手との距離の取り方や接近方法が分からない，学習していないために，過誤を起こしてしまったといえるので，対処方法としては，気になる異性に対して，どのような接近方法や話しかけ方をするかというスキルをソーシャルスキルトレーニングなどで身に付けさせることが重要である。

　粗暴な非行にせよ，性非行にせよ，少年院などの矯正教育機関などでは，認知行動療法的なアプローチをとっている。例えば怒りのマネジメント（アンガー・マネジメント）の手法を取り入れ，「怒りの温度計」（怒りの度合を温度計のように目盛りをつけて示すことで可視化する方法）で自分の感情や怒りをモニターして落ち着く方法を学んだり，輪ゴムを身に付けて怒りや犯罪に至りそうな時にパチンと輪ゴムを引っ張り，「我にかえる」ような訓練（輪ゴムパッチン）をしたりすることもある。こうした対症的なアプローチも大事であるが，本書で扱うのは，粗暴行為や性非行などの徴候が見える子どもへの予防的な関わり，あるいは少しそうした状況が発生しはじめた子どもに対するソーシャルスキルトレーニングによる指導である。

　例えば家出や深夜徘徊などの兆候がある子どもは，「上手な断り方」や「スケジュール管理」の仕方を身に付ける必要がある。なぜならば，非行に至る子どもの多くは，グループで行動しており，先輩や友だちに指示されると，嫌われるかもしれないと考え断れなかったりする。また，深夜活動することで朝起きられずに生活リズムが崩れたりするというスケジュール管理の問題もあるからである。

　また，非行グループや粗暴行為から一旦離れた後も，安定した職業生活を送ることができないと，再度の生活の乱れが生じる心配があるため，「働く上で必要なスキル」も身に付けておきたい。

　一方，性非行の問題を抱える子どもには，「異性との適切な距離の取り方」「SNS の使い方」を身に付けさせたい。いまやスマートフォンは必需品であるが，これが対人・異性トラブルの発端になることが多い。以前と違い，気になる異性に対してスマートフォンで簡単に連絡できるが，それゆえにストレートに交際を申し込んだり，性的関心について尋ねてしまったりすることもある。

　非行・犯罪といっても，ひとくくりにできるものではないが，粗暴行為のある子どもも，性非行の心配のある子どもも，単なる対症療法ではなく，これからの長い人生を歩んでいく上で

必要となるソーシャルスキルやライフスキルを学習することによって身に付けるという観点が必要となる。

　非行・犯罪学分野では，近年「Good Life Model（良き人生モデル）」という考え方が主流となりつつある。これは非行や犯罪をした人に対して，罰を課して短所を矯正することよりも，その人の長い人生が良いものとなるよう，必要なスキルを身に付ける支援をするという考え方であり，その際には，その人の得意なやり方を用いることが推奨されている。

　非行や犯罪の心配がある子どもを排除するのではなく，ソーシャルスキルの困難があるととらえ，その子どもたちに身に付けさせたい生活リズムや対人コミュニケーション，対人関係や異性関係のマナーについて，ソーシャルスキルトレーニングを通じて体験的に学び，振り返ることが彼らの良き人生のために必要なことであろう。

6．働く上で必要なスキル

　厚生労働省による新規学卒就職者の離職状況は，就職後3年以内に離職する割合は，大学卒業者で約30％，高校卒業者で約40％である（厚生労働省，2020）。全国LD親の会が18歳以上の子どもをもつ会員629名の状況を把握した全国調査では，約80％が中学校卒業後に高等学校等へ進学しており，一般雇用で企業に就労した場合，1年以内に離職する割合が20％という結果であった（全国LD親の会，2017）。高等学校や大学等を卒業した発達障害のある人は，卒業時に「新規学卒」就職，つまり一般求人への応募以外の選択肢をもたず，一般求人への応募や適応の失敗等を繰り返すことが多い現状がある。

　発達障害のある人の就労継続の課題や主な離職理由となるのが，職場内での円滑な人間関係の維持や意思伝達，会話などソーシャルスキルに関わる問題である。ASDのある生徒が就職した際に，職場において周囲から課題とされる項目として，「会議やミーティングを重要だと感じず，自分の仕事を優先する」，「適切なタイミングで『報・連・相』しない」，「意外なまでに話し言葉を理解していないことがある」，「複数の仕事が重なるとパニックになったり，優先順位が適切でない」，「周囲が配慮しても感謝しているようには見えない」，「みんな忙しくしているのに『手伝いましょう』がない」，「自分の困り具合を分かるように説明しない」などがある。これらの項目ができるか否かは，職場での円滑な人間関係を築けるかにも関連しており，結果として就労継続できるかどうかという問題につながることを示している。

　職場において求められるスキルについて，本書では特に対人関係に関わる基本的なスキルを取り上げており，就労を継続できるようにするための指導にも生かせる。

　働く上でまず必要なことは，上司や先輩から指示された仕事を確実に行うことである。そのためには，指示内容を正確に聞き取り，記憶しておく必要がある。しかし，聞いたことを一時的に記憶しておくワーキングメモリーに困難さがある生徒は，複数の指示や長い指示を聞き取

ることや，指示内容を覚えておくことが難しく，その結果，指示内容を正しく理解しないまま作業に取りかかり失敗してしまうことがある。そこで指示された内容を復唱したりメモをとったりするなど「指示の聞き方」スキルを身に付ける必要がある。

　仕事内容や進め方が分からない時に質問することや自分の仕事が終わった時に報告することも働く上での基本的なスキルである。しかし，質問や報告することは分かっていても，相手が忙しく対応することができない状況で質問したり，前置きもなく唐突に報告していては，上司や先輩と良好な人間関係を築くことはできない。職場において，相手の状況を見てから話しかけることや，「お仕事中失礼します」などの前置きをすることは，学校や職場で習うことではなく，暗黙のルールとして自然と身に付けるスキルであるが，ASD のある人はこうした暗黙のルールを自然と身に付けることが難しい。そこで，「質問の仕方」や「報告の仕方」をスキルとして体験的に身に付けておく必要がある。

　また，上司から注意や指導された時に，ASD のある人は注意された内容よりも注意されたという事実ばかりが強く印象に残ってしまい，「自分ばかり注意される」，「上司は自分のことが嫌いなんだ」と考え，ひどく落ち込んだりイライラしたりすることがある。素直に注意を聞くことができない場合は，上司との関係を悪化させることにもつながる。そこで，このような傾向がある生徒に対しては，注意や指導された時の対応方法として，アンガー・マネジメントのように気持ちを落ち着ける方法や，上司を見て「すみませんでした。次から気を付けます」と伝えることなどをスキルとして身に付けさせておくことが重要である。

　発達障害のある人は職場で円滑な人間関係を築くことができないのではなく，人間関係を築くために必要なスキルが未学習であると考え，高校生の段階から働く上で必要な指示の聞き方，質問の仕方，助け・協力の求め方等について，ソーシャルスキルトレーニングを通じてスキルを身に付けることが，彼らが就労を継続させるために必要である。

7．ソーシャルスキルトレーニング（SST）とは

　ソーシャルスキルの必要性について論じてきたが，最後に，ソーシャルスキルとは何かを整理しておきたい。

　SST とは，ソーシャルスキルトレーニング（Social Skill Training）の略称である。このSST は，もともと 1960 年代にケネディ大統領政権下での米国において，精神障害者の社会復帰の支援のために考えられたものである。当時は，精神障害の支援は精神分析学が主流であったが，行動療法が広まってきた時期でもあった。この行動療法を基盤とする SST は，「社会性」という性格の一部と解釈するのではなく，「社会スキルが不足しているならば学習によって獲得させることができるだろう」という考え方に基づいている。

　また当時，精神病院における長期入院が問題となっていたが，入院が長期になればなるほど，

社会スキルが低下し，退院しても予後が悪いと報告された。そこで，社会スキルを身に付ける支援を行い，自立した生活を可能にするために開発されたのが SST である。SST には，「人は見ることによって，内的な学習が成立し，それを練習すればできるようになる」という心理学者のバンデューラ（Bandura, 1979）の社会的学習理論が背景にある。

　SST の骨子には，以下の 4 つがある（p.26 も参照）。

1 ）教示：何のために，何を学習しようとしているのかを伝える。

2 ）モデリング：どのように行動すれば良いのか，モデル（見本）を見せる。本書の第 3 章から始まるプログラムでは，良いモデルと悪いモデルなど複数提示し，両者を比較することで大切なスキルに気付かせるようにする。

3 ）ロールプレイ（リハーサルとも言う）：モデリングで示されたことを，自分でもやってみる，演技してみる。

4 ）フィードバック：自分がやったロールプレイのどこがうまかったか，どこにはもう少し工夫のしどころがあるのか，それらのポイントを伝える。

　本書では，第 3 章の各回の課題を，SST の骨子であるこの 4 つのポイントの順に行う。それに加えて，「話し合いのスキル」の向上を目指す。ここでの話し合いには，司会者と参加者がいて，それぞれの役割を担う。

　司会者（リーダー）は，話し合いの時間を明示した上で，参加者（メンバー）全員から，発言を求める。そして，メンバーと話し合ったことをまとめる，という役割を担う。また，参加者は，自分の意見を必ず 1 回は発言する。しかし，自分だけが参加者ではないので，いろいろな参加者の意見を参考にしながら，適切な長さで自分の意見を発言する，という役割を担う。話し合いの中で適切に自分の意見を言うスキルは「アサーション」と呼ばれており，アサーショントレーニングはとても重要である。なぜなら，学校でのホームルーム活動や職場での会議など話し合いに参加する機会は多く，自分の意見を分かりやすく相手に伝えるスキルは話し合いに不可欠だからである。

　本書で紹介している SST活動は，教示，モデリング，ロールプレイ，フィードバックの中に話し合う場面を取り入れている。SST活動を通して少しずつアサーションをはじめとするコミュニケーションスキルが高まるように工夫を施している。

〈文献〉

Bandura, A.（1977）. *Social Learning Theory*,（1st Edition），London ; Pearson Education.（バンデューラ，A. 原野 広太郎（監訳）(1979). 社会的学習理論—人間理解と教育の基礎—　金子書房）

厚生労働省（2020）. 新規学卒者就職率と就職後 3 年以内離職率　Retrived from https://www.mhlw.go.jp/content/11652000/000689487.pdf（2022年 9 月 7 日確認）

特定非営利活動法人全国ＬＤ親の会（2017）. 教育から就業への移行実態調査報告書Ⅳ（全国ＬＤ親の会・会員調査）

準 備 編

1．SST のための準備

　SST を行うために，まず，それぞれの子どもの実態を把握して，それに基づいたターゲットスキル（目標）を決めておく。個別の教育支援計画において，中長期的に見通しをもち，個別の指導計画において，定期的な目標や具体的な指導内容を明確にしておくべきである。11〜13ページのような記録は，全員に対して必要なわけではないが，特に支援ニーズがある生徒の場合には，作成しておく。この時，あまり詳しく書くのではなく，メモ程度でも，全ての項目を埋めてみることが重要である。このような個別の計画があると，担任教師が変わった場合にも，その生徒がどのような子どもであるのか，おおよそ把握することができる上に，過去にどのような指導や支援を行ってきたのかについても分かる。支援が行き当たりばったりにならないように，このような記録を書くことが大切である。

　日本では2007年に特殊教育から特別支援教育に変わることに伴い特別支援学校だけでなく通常の学校にいる支援ニーズのある子どもたちに対しても個別の教育支援計画，個別の指導計画を作成することを推奨している。

　個別の教育支援計画は数年間を見通した上で支援ニーズのある子どもへの支援目標，保護者・本人の希望を記録しておくものである。また子ども本人がその学校以外に関わっている機関を整理しておくことで，何かあった時の連絡先なども知っておく，それに加えてその子どもに関わる支援会議をいつ，どんな内容で，誰と行ったかを簡単にメモしておく。

　このように整理されていると，その学校での支援や次の学校や職場への申し送りが容易となる。

　また個別の指導計画は子どもに関する実態把握のページと長期目標1年，短期目標，学期ごとというスパンでその子にどのような指導を行い，その結果どうなったかということを記録するページに分けられる。P（plan）−D（do）−C（check）−A（Action）を行い，次の年の指導に生かせるものである。

　これら2つの計画はあくまでも計画であるので詳細に記録することに時間をかけるのではなく概要をすばやく記録し，支援や指導を実行する時間を確保することを心がけるようにする。

（1）　個別の教育支援計画

氏名〇〇〇〇　　〇年〇組

支援目標	

本人の希望	

保護者の希望	

本人が関わっている機関等

領域	内容	連絡先
教育機関		氏名 電話等
医療機関		氏名 電話等
福祉機関		氏名 電話等

支援会議

日時	内容	出席者

(2) 個別の指導計画①

氏名○○○○　　○年○組

実態の把握

領域	長所	短所（課題となっているところ）
学習面		
行動面		
社会性		

心理検査の結果等
WISC-Ⅳ Ⅴ 　全検査IQ（FSIQ），Full Scale IQ…… 　言語理解，知覚推理，ワーキングメモリー，処理速度……

保護者の意見

その他，特記事項

(3) 個別の指導計画②

氏名○○○○　　○年○組

領域	長期目標	短期目標	支援の場面と内容	支援結果，評価
学習面		1 2 3		
行動面		1 2 3		
社会性		1 2 3		

家庭での支援

担当者	支援内容
父親	
母親	

本人の役割

領域	内容

２．子どもの実態把握と変化の把握

　実態把握とは，教育においてよく使われる言葉であるが，要はその子どもが今どのような状態にあるかのアセスメントを行うということである。WISC-Ⅳ・ⅤやKABC-Ⅱなどの知能検査等は，その子どもの認知のアンバランスを把握するために，とても重要である。その結果をもとに，SSTを実施する際に，どのような見せ方，どのような聞かせ方をすればよいのか，有益な情報が得られる。さらに，行動観察が重要である。ある行動が生起するのに，その前にどのような刺激があったのか，また，起きた行動は何なのか，それを周りはどのように扱ったか，というABC分析（A：Antecedent・先行条件，B：Behavior・行動，C：Consequence・結果条件）を用いて整理しておくと良いであろう。なおABC分析に関する詳しいことは，他書に譲る。

　また，SSTの前と後で何が変わったのかをチェックすることも必要である。自分たちが行ったSSTは何に対して効果があり，何に対しては効果がなかったのかをチェックして，内容や方法を改善する。どのようなところに効果があったのかについては，SRS-2など対人応答性尺度や，既存の尺度がいくつかあるので，それらを使って把握しても良いだろう。

　子どもの変化を把握するためには，振り返りシート1，2にあるように，各回のSSTにおいて，チェックリストとは別に，簡単な自由記述で，子どもの当日の様子を把握しておくことが望ましい。ただし，書くことが苦手な子どもが多いので，簡単に○×をつけるだけでできるようなものも用意し，子どもの実態に応じて，使うことが望ましいであろう。

　SSTは表1のような進め方で行う。

表1　SSTの進め方

回数	内容	SST内容	検査等
第1回目	自己紹介・事前調査		
第2回目	第1回　SST	話し合いの仕方*	振り返りシート
第3回目	第2回　SST	上手な断り方*	〃
第4回目	第3回　SST	上手な頼み方*	〃
第5回目	第4回　SST	スケジュール管理*	〃
第6回目	第5回　SST	他者との適切な距離*	〃
第7回目	第6回　SST	自己理解*	〃
第8回目	第7回　SST	働く上で必要なスキル*	〃

＊は例

振り返りシート 1

本日行った SST のまとめ

今日の SST で学んだことを書こう

今日の SST で自分がよかったところを 2 つ書こう

今日の SST で感じた自分の課題を書こう
●聞くことについて

●話すことについて

今日の SST の感想を書こう

振り返りシート２

話し合い活動のまとめ

司会者のよかった点　司会者　　　　　　　　さん

参加者のよかった点　参加者１　　　　　　　さん

参加者のよかった点　参加者２　　　　　　　さん

参加者のよかった点　参加者３　　　　　　　さん

参加者のよかった点　参加者４　　　　　　　さん

3．SST を行う時間

　SST は，総合的な学習の時間やホームルーム活動の時間を使うなど，子どもがリラックスし，集中できる時間に行うと効果は大きいと考えられる。

4．SST を行うための前提

　本書で提案する SST は，毎回テーマとして取り上げるソーシャルスキルだけではなく，全ての回を通して「話し合う」というスキルを高めることに重点を置いて行っている。そのため，子どもが3～5人程度の班を構成する必要がある。初めのうちは，できるだけ班の構成員に注意を払う必要があるかもしれない。自分から意見を言えない生徒，他の話を聞かずどんどん話してしまう生徒，司会者（リーダー）としてはまだ自信がなくグループの意見をまとめられそうにない生徒など，様々な生徒がいるが，いずれの生徒にとっても，初めからできないことはさせない，無理なことはさせないように配慮しながら，行っていく。

　そして基本として「話し合いの仕方」というプログラムにある，以下の役割は，子どもたちに各回の初めに伝えるようにする。

【司会者（リーダー）の役割】
　・全員が意見を言えるように司会をする
　・時間を確認しながら司会をする
　・良い意見が出た時は褒める

【参加者（メンバー）の役割】
　・自分の意見を最低1回は言う
　・時間を確認しながら話をする
　・良い意見が出た時は褒める

　このルールを守れば，SST の話し合いの中で，リーダーは，時間を気にしながら話しすぎないように，またメンバーは，必ず1回は発言できるようになっているはずである。このルールがあれば，司会者も参加者もルールに守られながら，話すことができる。この SST では，「話し合いのスキル」を獲得し，高めることも大きな目的なので，極端なことを言うと，話し合った内容がたとえ深いところに至っていなくても，このルールをまずは習得することが重要なのである。

　このルールに従って，司会者となった人は，自分で仲間を仕切ってみる経験をすること，また参加者は，とにかく発言をしてみる経験をすること，この経験を積み重ねることがやがて社会人となっていく人たちが社会的スキルを身に付けるために重要なのである。

5．SST の効果測定

　SST の効果を測定することは重要である。しかし，これまでの我々の経験からも，SST の効果を既存のチェックリストや尺度を使って測定しても，対人関係の課題は，それほどたやすく変化しない。SST は，日常生活や学校での般化測定の難しさもある上に，まさに発達障害のある人の場合，社会性の障害という中核部分へのアプローチであるからではないかと考えている。そのため，事前に年間のスケジュールを検討したら，プログラムの中で，変化が測定できる行動をあらかじめ選び，選んだものを中心としたチェックリストを作成することが必要になる。

　我々が使用したチェックリストの例としては，19〜20ページのようなものがある。

6．定時制高校の SST年間計画の説明

　SST を効果的に行うためには，ターゲットスキルを選定し，年間を通して計画的，系統的に実施することが重要である。対象となる子どもが小学生と高校生では，年間の計画は大きく異なる。また，いきなり高度なスキルをターゲットにしても身に付けることは難しくなる。大事なことは，対象となる子どもがスキルを発揮すべき場面を想定し必要感をもって取り組めるようにすること，子どもの実態に応じて身に付けやすいスキルから徐々に発展させるように計画することである。

　21ページから示したのは，定時制高校における SST年間計画例である。その1で示したのは，4年間を通して，自己理解から始め，他者理解，様々な人との円滑なコミュニケーション，卒業後に必要となる社会的な行動へと系統的に発展させながら指導するための計画である。

　その2で示したのは，大まかにはその1と同様に系統的な指導を行いつつも，定時制高校であることを踏まえ，1年生から仕事やアルバイトなど社会で必要となるスキルを取り入れながら指導するための計画である。

　SST の指導に当たっては，このように学校に在籍する期間を見通した計画を立てておくことで，生徒に確実にスキルを身に付けさせることができる。また，チェックリストなどを活用した効果測定を踏まえ，定着が不十分なスキルなどは次年度に繰り返し指導することも考えられるため，学校種にかかわらず参考としていただきたい。

ソーシャルスキル尺度（教師評定用）

生徒氏名 ＿＿＿＿＿＿＿＿＿＿＿＿＿＿＿＿＿＿＿＿

生徒が，学校でどのように行動しているかを質問させていただきます。文章を読み，まったくできないは0に，ほとんどできないは1に，だいたいできるは2に，いつもできるは3に○をつけてください。

		まったくできない	ほとんどできない	だいたいできる	いつもできる
1	先生や先輩，年上の人と，敬語を使って話すことができる（状況，相手に合わせて適切な言葉づかいができる）	0	1	2	3
2	話を聞く・話をする時に，適切な姿勢をたもつことができる　適切な姿勢：足・腕を組まない，肘をつかない，相手に体を向ける　など	0	1	2	3
3	わざとではないが，ミスや遅刻・欠席をしたり，他者に迷惑をかけたり傷付けてしまった時に，自分から「すみませんでした」と言って謝ることができる	0	1	2	3
4	他者へ話しかける際に，忙しそうかなど相手の状況を見てから話しかけることができる	0	1	2	3
5	相手や状況に応じた挨拶をすることができる（おはようございます，こんにちは，さようなら，お先に失礼します　など）	0	1	2	3
6	他者と一緒に活動に取り組むことができる	0	1	2	3
7	自分のした行動を振り返ることができる	0	1	2	3
8	自分への指導や注意を素直に聞き，受け入れることができる	0	1	2	3
9	感情的になっても，気持ちをうまく切り替えることができる　感情的：イライラする，悲しい，嬉しすぎてテンションが高い　など　気持ちの切り替え：冷静になり，やるべきことに取り組む　など	0	1	2	3
10	他者へ話しかける際に，「お仕事中失礼します」「お忙しいところすみません」，「今いいですか」など，前置きをしてから話しかけることができる	0	1	2	3
11	相手の顔を見て，話す・挨拶をすることができる	0	1	2	3
12	適度に相手の顔を見て，話や指示を聞くことができる	0	1	2	3
13	相手の話をさえぎることなく聞くことができる	0	1	2	3
14	指示された内容を確認するため，必要な部分を繰り返して言うことができる（復唱）	0	1	2	3
15	相手に聞こえる適切な声の大きさで話す・挨拶をすることができる	0	1	2	3
16	タイミングよくうなずく，返事をすることができる	0	1	2	3
17	指示された内容を忘れないため，ポイントをメモすることができる	0	1	2	3
18	誰に対しても自分から，挨拶をすることができる	0	1	2	3
19	他者へ自分の意見や考えを述べることができる	0	1	2	3
20	何かをしてもらったら，「ありがとう（ございます）」と感謝の言葉を言うことができる	0	1	2	3
21	嫌なことはしっかりと断ることができる	0	1	2	3
22	イライラ・悲しみ・落ち込みなど自分の気持ちと理由を，「……があって，今イライラしています・悲しいです・落ち込んでいます」と言葉で伝えることができる	0	1	2	3
23	分からないことがあったら，自分から質問できる	0	1	2	3
24	困った時に，人に協力や助けを求めることができる	0	1	2	3
25	指示された作業が終わった時や失敗した時に，自分から伝えることができる（報告）	0	1	2	3

ソーシャルスキル尺度（しゃくど）（生徒評定用）

名前 _____

　あなたが，学校で家庭で，どのように行動しているかを質問します。文章を読んで，まったくできないは0に，ほとんどできないは1に，だいたいできるは2に，いつもできるは3に○をつけてください。

		まったくできない	ほとんどできない	だいたいできる	いつもできる
1	先生や先輩，年上の人と，敬語を使って話すことができる（状況，相手に合わせて適切な言葉づかいができる）	0	1	2	3
2	話を聞く・話をする時に，適切な姿勢をたもつことができる　適切な姿勢：足・腕を組まない，肘をつかない，相手に体を向ける　など	0	1	2	3
3	わざとではないが，ミスや遅刻・欠席をしたり，他者に迷惑をかけたり，傷付けてしまった時に，自分から「すみませんでした」と言って謝ることができる	0	1	2	3
4	他者へ話しかける際に，忙しそうかなど相手の状況を見てから話しかけることができる	0	1	2	3
5	相手や状況に応じた挨拶をすることができる（おはようございます，こんにちは，さようなら，お先に失礼します　など）	0	1	2	3
6	他者と一緒に活動に取り組むことができる	0	1	2	3
7	自分のした行動を振り返ることができる	0	1	2	3
8	自分への指導や注意を素直に聞き，受け入れることができる	0	1	2	3
9	感情的になっても，気持ちをうまく切り替えることができる　感情的：イライラする，悲しい，嬉しすぎてテンションが高い　など　気持ちの切り替え：冷静になり，やるべきことに取り組む　など	0	1	2	3
10	他者へ話しかける際に，「お仕事中失礼します」「お忙しいところすみません」，「今いいですか」など，前置きをしてから話しかけることができる	0	1	2	3
11	相手の顔を見て，話す・挨拶をすることができる	0	1	2	3
12	適度に相手の顔を見て，話や指示を聞くことができる	0	1	2	3
13	相手の話をさえぎることなく聞くことができる	0	1	2	3
14	指示された内容を確認するため，必要な部分を繰り返して言うことができる（復唱）	0	1	2	3
15	相手に聞こえる適切な声の大きさで話す・挨拶をすることができる	0	1	2	3
16	タイミングよくうなずく，返事をすることができる	0	1	2	3
17	指示された内容を忘れないため，ポイントをメモすることができる	0	1	2	3
18	誰に対しても自分から，挨拶をすることができる	0	1	2	3
19	他者へ自分の意見や考えを述べることができる	0	1	2	3
20	何かをしてもらったら，「ありがとう（ございます）」と感謝の言葉を言うことができる	0	1	2	3
21	嫌なことはしっかりと断ることができる	0	1	2	3
22	イライラ・悲しみ・落ち込みなど自分の気持ちと理由を，「……があって，今イライラしています・悲しいです・落ち込んでいます」と言葉で伝えることができる	0	1	2	3
23	分からないことがあったら，自分から質問できる	0	1	2	3
24	困った時に，人に協力や助けを求めることができる	0	1	2	3
25	指示された作業が終わった時や失敗した時に，自分から伝えることができる（報告）	0	1	2	3

定時制高校の SST　年間計画例その1

学年	テーマ	ターゲットスキル	ポイント
1年生	自己理解	自己紹介	・自分の長所や短所を考える ・短所を長所に変える練習をする ・アルバイトの面接を想定し，自己紹介（PR）の練習をする
		自分の気持ちの考え方 自分の思考の考え方	・気持ちを表す様々な表現を知る ・自分がどのような場面でどのような気持ちに，どの程度なるのかを考える ・同じ出来事でも，人によって感じ方やその程度が異なることを知る ・ポジティブ，ネガティブな思考の違いを知る ・考え方により，自分の気持ち・行動・結果が変わることを知る ・ポジティブな考え方を実践する
	コミュニケーション	話の聞き方 （友達編）	・相手に体を向ける（顔を見る） ・うなずく／あいづちをうつ ・最後まで聞く（遮らない） ・質問する
		話の仕方 （友達編）	・相手に体を向ける（顔を見る） ・適切な声の大きさで話す ・相手の分かる話題を話す ・自分から話す
2年生		上手な頼み方 （友達編）	・相手の状況を見て，自分から声をかける ・「理由」「頼む内容」「気持ち」を伝える ・感謝の言葉を伝える ・相手を見て，相手に聞こえる声で，申し訳なさそうな表情で伝える
		上手な断り方 （友達編）	・引き受けるべきか，断るべきかを判断する ・「謝る」「理由」「断りの言葉」「代替案」を伝える ・相手を見て，相手に聞こえる声で，申し訳なさそうな表情で伝える
		携帯・スマホの使い方	・LINE でのやり取りの注意点を知る 　①既読無視　②何度も連続でメッセージを送信 ・SNS での注意点を知る 　①画像・動画のアップ　②SNS での出会い
	社会的行動	考え方の変え方	・自分がどのように考えて嫌な気持ちになっているかを知る ・嫌な気持ちを小さくする別の考えを取り入れる ・様々な状況で，嫌な気持ちにならない考え方を練習する
		感情のコントロール	・自分がイライラする，落ち込む場面を知る ・プラスの方向へ考え方を変えることができる ・リラックスする方法（対処法）を実行する

		上手な頼み方 （先生・上司編）	・挨拶をする（その日初めて会う場合） ・「お仕事中失礼します」と前置きを伝える ・「理由」「申し訳ありませんが」「頼む内容」を伝える ・感謝の言葉を伝える ・相手を見て，相手に聞こえる声で，申し訳なさそうな表情で伝える
3年生	職場で必要なスキル	上手な断り方 （先生・上司編）	・引き受けるべきか，断るべきかを判断する ・「謝る」「理由」「断りの言葉」「代替案」を伝える ・相手を見て，相手に聞こえる声で，申し訳なさそうな表情で伝える
		謝る／感謝する方法	・「謝罪の言葉」「間違い・失敗など自分の非を認める言葉」「理由・原因」「改悛の言葉（これからは…）」を伝える ・「〜してくれて，ありがとう」と伝える ・相手を見て，相手に聞こえる声で，申し訳なさそうな表情で伝える
		相談の仕方	・相手の状況（タイミング）を見る ・「相談したいことがあるのですが」と前置きをする ・相談したいことを具体的に伝える ・「ありがとうございました」とお礼を言う
		トラブルの解決策	・問題場面を整理する ・解決策を可能な限りたくさん考える ・解決策を実行した場合の結果を予想する ・解決策の順番を決め，実行する
4年生		仕事の優先順位	・やるべき作業（指示された作業）を整理する ・各作業の締め切りを確認する ・各作業に，自分がどれくらい時間がかかるか考える ・締め切りや必要な時間を考え，取り組むべき仕事の順番を決める
		指示の聞き方 （職場編）	・相手に体を向け，相手の顔を見る ・うなずく，返事をして聞く ・必要に応じてメモを取る ・指示された内容を確認するため復唱する
		ストレス解消方法	・自分でできるストレス解消方法を考える ・他者の意見を聞き，自分でもできそうなこと，今後取り入れられそうなことを考える ・自分のできるストレス解消方法を整理する
		助けの求め方	・相手のタイミングを確認する ・「お仕事中失礼します」など前置きの言葉を言う ・助け（協力）を求めたい内容を明確に伝える ・「ありがとうございました」とお礼を言う
		注意されたときの対応 （職場編）	・プラスの方向へ考え方を変える ・リラックスする方法（対処法）を実行する ・相手を見て，最後まで注意を聞く ・「謝罪」「改悛の言葉（これからは……）」を伝える

本書で扱っていないスキルもあります。

定時制高校の SST　年間計画例その2

学年	テーマ		ターゲットスキル	ポイント
1年生	学校適応スキル	話の聞き方 （友達編）	・相手に体を向ける（顔を見る） ・うなずく／あいづちをうつ ・最後まで聞く（遮らない） ・質問する
			上手な頼み方 （友達・先生編）	・相手の状況を見て，自分から声をかける ・「理由」「頼む内容」「気持ち」を伝える ・感謝の言葉を伝える ・相手を見て，相手に聞こえる声で，申し訳なさそうな表情で伝える
			謝る／感謝する方法 （友達・先生編）	・「謝罪の言葉」「間違い・失敗など自分の非を認める言葉」「理由・原因」「改悛の言葉（これからは……）」を伝える ・「〜してくれて，ありがとう」と伝える ・相手を見て，相手に聞こえる声で，申し訳なさそうな表情で伝える
	職場で必要なスキル		仕事・アルバイトを休む場合の対応	・本当に休まなければいけないかを考える（休むほどの体調不良か　など） ・電話で担当の方に直接話をする ・「謝罪」「理由」「休む旨」を伝える ・次に出勤した際に，再度休んだことを謝罪する
			職場での挨拶・報告の仕方	・場面，相手，状況に応じた挨拶を知る ・自分から，相手に聞こえる声で，挨拶をする ・「お仕事中失礼します」と前置きをする ・「仕事が終わったこと（何の仕事かも）」を伝える
2年生			携帯・スマホの使い方	・LINE でのやり取りの注意点を知る 　①既読無視　②何度も連続でメッセージを送信 ・SNS での注意点を知る 　①画像・動画のアップ　②SNS で知り合う
			上手な断り方 （友達・先生編）	・引き受けるべきか，断るべきかを判断する ・「謝る」「理由」「断りの言葉」「代替案」を伝える ・相手を見て，相手に聞こえる声で，申し訳なさそうな表情で伝える
		セルフコントロールスキル	自分の思考の考え方	・ポジティブ，ネガティブな思考の違いを知る ・考え方により，自分の気持ち・行動・結果が変わることを知る ・ポジティブな考え方を実践する
			感情のコントロール	・自分がイライラする，落ち込む場面を知る ・プラスの方向へ考え方を変えることができる ・リラックスする方法（対処法）を実行する
			職場で注意された時の対応	・プラスの方向へ考え方を変える ・リラックスする方法（対処法）を実行する ・相手を見て，最後まで注意を聞く ・「謝罪」「改悛の言葉（これからは……）」を伝える

				スキル	内容
3年生	職場で必要なスキル	社会適応スキル	セルフコントロールスキル	指示の聞き方（職場編）	・相手に体を向け，相手の顔を見る ・うなずく，返事をして聞く ・必要に応じてメモを取る ・指示された内容を確認するため復唱する
				謝る／感謝する方法（職場編）	※謝る／感謝する方法（友達編）と同様 ・職場での謝る／感謝する場面を考える
				上手な頼み方（職場編）	・挨拶をする（その日初めて会う場合） ・「お仕事中失礼します」と前置きを伝える ・「理由」「申し訳ありませんが」「頼む内容」を伝える ・感謝の言葉を伝える ・相手を見て，相手に聞こえる声で，申し訳なさそうな表情で伝える
				トラブルの解決策	・問題場面を整理する ・解決策を可能な限りたくさん考える ・解決策を実行した場合の結果を予想する ・解決策の順番を決め，実行する
				話の仕方（職場編〜休憩時間）	※話の仕方（友達編）と同様 ・どのような場合で自分から話しかけるかを知る ・相手（上司・同僚など）に応じた話題を選び，話しかける
4年生				仕事の優先順位	・やるべき作業（指示された作業）を整理する ・各作業の締め切りを確認する ・各作業に，自分がどれくらい時間がかかるか考える ・締め切りや必要な時間を考え，取り組むべき仕事の順番を決める
				上手な断り方（職場編）	・引き受けるべきか，断るべきかを判断する ・「謝る」「理由」「断りの言葉」「代替案」を伝える ・相手を見て，相手に聞こえる声で，申し訳なさそうな表情で伝える
				助けの求め方	・相手のタイミングを確認する ・「お仕事中失礼します」など前置きの言葉を言う ・助け（協力）を求めたい内容を明確に伝える ・「ありがとうございました」とお礼を言う
				相談の仕方	・相手の状況（タイミング）を見る ・「相談したいことがあるのですが」と前置きをする ・相談したいことを具体的に伝える ・「ありがとうございました」とお礼を言う
				ストレス解消方法	・自分でできるストレス解消方法を考える ・他者の意見を聞き，自分でもできそうなこと，今後取り入れられそうなことを考える ・自分のできるストレス解消方法を整理する

本書で扱っていないスキルもあります。

〈参考文献〉

坂内仁・熊谷恵子（2017）．高校生の就労に関わるソーシャルスキルの指導―高等学校と特別支援学校における短期指導の事例の比較検討―　ＬＤ研究26巻2号

事 例 編

SST の進め方

SST の進め方

　第3章では，11種類のテーマを扱います。本章は，筑波大学大学院に在籍していた学生が原案のSSTプログラムを，教育相談室における研修や実践を重ね，内容や時間等を考慮しながら編者が加筆・改編してまとめたものです。

　SST のプログラムは1回50分で構成しています。SST を1年に何回実施できるかなどにより，選択する内容も異なってくるでしょう。「1　自己紹介」のように同じテーマに複数のプログラムがある場合は1種類だけでなく2種類以上を実施してみるのもおすすめです。SSTを実施できる時数や生徒の実態もふまえ，工夫してみてください。1回の SST の流れとしては，

　①テーマの教示→②モデリング→③スキルの教示→④ロールプレイ・フィードバック→⑤まとめ

となります。特に②，④が入っていることが，SST の場合重要です。

　②のモデリングは，SST の実施者（教員など）のスタッフが行うのが基本ですが，生徒にモデリングをやってもらうようにするのも良いでしょう。その場合には，当日にぶっつけ本番で，台詞を見ながらやる，というのではなく，生徒が安心してきちんとモデリングできるように，前もって「台詞」を紙に書いて渡し，事前に何度か練習してもらうことが必要です。モデリングはターゲットスキルを適切に実行している場面を見て学習する方法であるため，見せ方がとても大切だからです。

　各単元ごとに目標，準備する物，留意点を挙げています。表で，1単元50分の授業の流れを示しました。表中には流れごとにポイントや教示の例を記しています。表の後ろには，表中に出てくる　授業例　　教材資料　　配布物　　板書例　の資料をまとめました。必要に応じて，アレンジしながら使っていただきたいと思います。

　今回提案している SST では，グループやクラスで，**「話し合い」**活動を行うことを重視しています。司会者（リーダー）が参加者（メンバー）全員の意見を聞き，それをまとめます。また，参加者も，自分の言いたいことを一方的にしゃべる，あるいはひと言も言わず終わるのではなく，長すぎず，短すぎず，時間内に発表することができるようになることが大切です。お互いに気持ちよく，話し合いができるようになることを学びます。

　大人になると，職場で会議に出ることが，かなりたくさんあります。そのため，中高生の時に自分が司会をしたり，意見を言ったりできる経験を重ねておくことは，重要です。

　しかし，SST の対象となる生徒たちが学校の中で，司会をしたり自分の意見を言ったりする機会は十分に与えられているでしょうか。話をしなくても，どうせ他の人が何か言って終わる，と傍観していたり，自分の言いたいことだけを言って人の話を聞いていなかったり，というようなことが見られるのではないかと思います。ですから，話し合いの仕方も大きなターゲットスキルであり，毎回の SST においてやり方を紹介し，取り入れ，話し合いに慣れるようにするということが重要なのです。

1 ▶ 自己紹介

　自分のことを人前で説明する場合に，年齢相応に，例えばユーモアを交えて言う，など臨機応変に話すのは，非常に高度なスキルである。また，ソーシャルスキルが不足している生徒は，話し相手を意識することが苦手であり，中高生であってもなかなかできないことがある。そのため，自己紹介の仕方だけではなく，その前段階となる，人とコミュニケーションをとる時に必要な視線や態度に関するスキルも身に付けられるSSTプログラムを紹介する。

こんな子いませんか？　話すのが苦手なＡくん

　Ａくんは，人前で発言することが非常に苦手であった。声の大きさも場に応じた調節はできない。下を向いたり，横を向いたりして，皆の方を見ない。そのため新学年になりクラスメイトが変わった時にいつも話すことができず，落ち込んでいた。

自己紹介の仕方①

1　目標

・相手に分かりやすい自己紹介を行うことができる。

・相手を見て，笑顔で，相手に聞こえる声で自己紹介を行うことができる。

	活動	配慮事項・教材
テーマの教示 5分	●テーマとその意義の確認 ・テーマの意義を参加生徒の日常生活に即して伝える。 ●自己紹介カードの記入 ・自己紹介カード①を配り，無記名で記入させる。 ・書き終わった生徒から，集めてカードを箱の中に入れる。	 配布物 1-1 自己紹介カードは，趣味など生徒が話題を共有できる内容とする。
モデリング 15分	●指導者による悪いモデルの提示（自己紹介する人） ・下を向いたまま，暗い顔で，小声で自己紹介をする。 ・スタッフが自分の自己紹介の内容をカードに書き，それを見ながら行う。 ●指導者による良いモデルの提示（自己紹介する人） ・相手を見て，笑顔で，相手に聞こえる声の大きさで自己紹介をする。 ・スタッフが自分の自己紹介の内容をカードに書き，それを見ながら行う。	モデルの注目すべきポイントを伝える。
スキルの教示 10分	●自己紹介をする時の話し方のポイントを確認 ・2つのモデルの悪い点，良い点について意見を発表する。 ・適切な自己紹介の話し方の3つのポイントを提示し，理解させる。 ①聞き手の方を見て（顔を上げて）話す ②聞き手に聞こえる声の大きさで話す ③笑顔で話す	教材資料 1-1 パワーポイントやピクチャーカードで資料を提示。
ロールプレイ・フィードバック 15分	●活動の説明 授業例 1-1 ●人物当てクイズと自己紹介のロールプレイ ・人物当てクイズをしながら，自己紹介のロールプレイを行う。 ●自己紹介の良かった点をフィードバック ・一人ひとりに対して，ポイントに沿って良かった点を指導者が伝える。	3つのポイントをいつでも参照できるようにプリントしておいてもよい。 全体で行ってもグループで行ってもよい。 他の生徒からも良かった点を言ってもらう。
まとめ 5分	●まとめ ・人前で話をする時に大切な3つのポイントを確認する。	

2　準備する物　自己紹介カード①〈配布物1-1〉，自己紹介カードを入れる箱

3　留意点

　プログラムの初期段階で取り組む内容であるため，楽しい雰囲気でゲームを行い，参加生徒同士で共通の趣味や話題がもてるようにする。

教師の教示例	板書例
「これから，日常生活に関する学習を行っていきます。専門用語では，Social Skill Training (SST) という活動です」 「SSTを始めるにあたり，一緒に学習する人たちに自己紹介をしたいと思います。4月には自己紹介の機会が多いと思います。相手に分かりやすい自己紹介の仕方を学習しましょう」	Social Skill Training (SST)
「まずは，配られた自己紹介カードに自分の名前を書かずに，趣味など内容を記入してください」 「書き終わったら，そのカードをこの箱の中に入れてください」	
「自己紹介のモデルを見てもらいます。表情や声のトーンに注目してください」 「今のやり方のどのようなところが悪かったですか」 「次の自己紹介はどうでしょう。どう変わったかに注目してください」	自己紹介のモデル 悪かったところ 良かったところ ※生徒の意見を列挙する。
「今のモデルを見て，自己紹介する時には，どのようなことに気を付けたら良いと思いましたか」 「2つのモデルの悪い点，良い点について意見を発表してもらいました。いろいろ意見は出ましたが，①〜③の3点は重要です」	自己紹介のポイント：(生徒の意見を列挙し，最終的に以下の3点を強調) 「活動」に示した3つのポイント①〜③を書き出す。
「今度は，先ほど書いてもらったカードを使ったクイズをしましょう。今から私が箱の中からカードを1枚取り出し，内容を読み上げます。読まれた内容は誰についてのことか考え，分かったら挙手してください。当たったら，その人は前に出て，自己紹介をしてください。①〜③のポイントに注意して話してください」	
「まずは（カードを読む）……。さて，誰だと思いますか。分かったら手を挙げてください」 「では○○さん（当たった人），前に出てきてカードの内容をふまえて自己紹介してください。①〜③に注意して話してくださいね」 「今の○○さんの自己紹介の仕方はどうでしたか。先ほどのポイントの……ができていましたね。他にも……の点が良かったです」	
「今日は自己紹介をしました。人の前で話す時，どのようなことに気を付けるとよいと言いましたか。3点ありましたね。これからは，この3つのポイントに気を付けて話すようにしましょう」	「スキルの教示」で板書した，自己紹介のポイント①〜③を確認する。

教材資料 1-1 自己紹介, 話し手のポイント

継次優位※の子ども用

自己紹介, 話し手のポイント

1. 聞き手の方を見て, 話す

2. 聞き手に聞こえる声の大きさで, 話す

3. 笑顔で, 話す

これらに気を付けて話をしよう。

同時優位※の子ども用

上のような教材を模造紙やパワーポイントなどで作成し, 提示する。クラス全体で行う場合は, 「継次優位の子ども用」 と 「同時優位の子ども用」の両方を提示するとよい。
※「継次優位」とは情報を順序立ててとらえるのが得意なタイプ。
　「同時優位」とは情報を全体的にとらえるのが得意なタイプ。

授業例 1-1　　人物当てクイズと自己紹介のロールプレイのやり方

①指導者は箱から自己紹介カードを引き，読み上げる。生徒は誰の自己紹介か考え，分かったら挙手して答える。

②正解したら，該当の生徒が全体の前で改めて自己紹介を行う。

③全員の自己紹介が終わるまで，①と②を繰り返す。

配布物 1-1　　　自己紹介カード①

名前は書かないで・・・

・趣味

・好きな食べ物

・特技

自己紹介の仕方②

1 目標
・相手に分かりやすい自己紹介を行うことができる。
・相手を見て，笑顔で，相手に聞こえる声で自己紹介を行うことができる。

	活動	配慮事項・教材
テーマの教示 5分	●テーマとその意義の確認 ・テーマの意義を参加生徒の日常生活に即して伝える。 ●自己紹介カードの記入 ・自己紹介カード②を配付，記入させる。	配布物 1-2 自己紹介カードの記入例をいくつかあげ，書きやすくする。
モデリング 15分	●悪いモデルの提示（自己紹介する人） ・下を向いたまま，暗い顔で，小声で自己紹介をする。 ●良いモデルの提示（自己紹介する人） ・相手を見て，笑顔で，相手に聞こえる声の大きさで自己紹介をする。	モデルの注目すべきポイントを伝える。
スキルの教示 5分	●自己紹介のポイントを確認 ・適切な自己紹介のポイントを提示する。 ①聞き手の方を見て（顔を上げて）話す ②聞き手に聞こえる声の大きさで話す ③笑顔で話す	教材資料 1-1 パワーポイントやピクチャーカードで3つのポイントを提示。
ロールプレイ・フィードバック 15分	●グループでの自己紹介 ●自己紹介クイズの実施　授業例 1-2 ・自己紹介クイズを行う。挙手のあった人，または，順番に当ててもいいので，生徒に答えてもらう。	3つのポイントを，いつでも参照できるようにしておく。
まとめ 10分	●自己紹介の良かった点をフィードバック ・互いの自己紹介の良かった点を伝え合う。 ●まとめ ・自己紹介のポイントを確認する。	意見を発表しにくい生徒は指導者が個別に考えを聞く。

2　準備する物　自己紹介カード②〈配布物1-2〉，言葉を書き込むカード，プロジェクター，スクリーン

3　留意点

　初期段階で取り組む内容であるため，楽しい雰囲気でゲームを行い，参加生徒同士で共通の趣味や話題がもてるようにする。

教師の教示例	板書例
「本日から，SST という活動を始めます。SST を始めるにあたり，共に活動するお互いを知るために，自己紹介を行います」 「相手に分かりやすい自己紹介ができるようになることは，学校生活だけでなく，社会人になってからも役立ちます」	SST とは 社会生活を送る時に必要な技能を学ぶ 本日のテーマ ・自己紹介
「自己紹介カードを作りました。カードに示した項目に従って，自分のことを書いてください」	
「カードに書いたことをもとにして自己紹介します。まずはどのように自己紹介したら良いか見ていきましょう。表情や声のトーンに注目してください」 「今のモデルの自己紹介は，どこが問題だと思いますか。どうしたら良い自己紹介になりますか」 「もう１つ見てみましょう。前の自己紹介とどこが違うか注目してください」 「さて，どうだったでしょうか」	・自己紹介する人① 悪いところ ・自己紹介する人② 良いところ ※生徒の意見を列挙する。
「自己紹介を２パターン見てもらいましたが，どちらが良かったですか。そうです２番目ですよね。それではどう良かったでしょうか」	「活動」で示した３つのポイント①〜③を書き出す。
「まず各グループで自己紹介をしましょう。先ほど示した①〜③のポイントをクリアするように自己紹介をしてください」	
「今度は，グループ以外の人に知ってもらうために，全員でクイズ型式の自己紹介を行います。Aグループの人，前に出てきてください」 「黒板に，自己紹介カードに書いた①趣味，②好きな食べ物，③旅行したいところ，④好きな本を色別にして，ランダムに貼りました。どのカードが Aグループのどの人のものか，当てましょう。４枚当たった人には，自己紹介をしてもらいます」 （カードが４枚当たったら）「はい，では，自己紹介をお願いします」	板書例 1-1
「グループでやった自己紹介で，良かった点を出し合ってみてください」 「全体でクイズをした時はどんなところが良かったですか」	
「本日は，自己紹介の仕方を勉強しました。自己紹介をやる時に，重要なポイントは何でしたか」	重要なポイント①〜③を確認。

授業例 1-2

①Aグループの生徒の「自己紹介カード」の内容を
ランダムに並べてプロジェクターに映す。
（Aグループの生徒はスクリーンの前に座る）

②他の生徒たちは順番に，内容と一致すると思う
生徒を選び1つずつ発表する。

③生徒一人の内容が全て埋まった際に，その生徒
が全体の前で自己紹介を行う。

④Aグループ全員が終了後，Bグループ，Cグルー
プの順に実施する。

配布物 1-2　　　自己紹介カード②

名前
所属　　　　中学校・高校　　　年　　　組

　①趣味

　②好きな食べ物・飲み物

　③旅行で行ってみたいところ

　④好きな本

板書例 1-1

| 趣味 | 食物 | 旅行 | 本 |

自己紹介の仕方③

1 目標
・自分の性格について他者に伝わるように工夫した話し方で自己紹介をすることができる。
・自分の性格などを色にたとえてみる。

	活動	配慮事項・教材
テーマの教示10分	●本日のテーマ ・日常生活に関する学習の一つとして色を使った自己紹介を学ぶことを伝える。	
	●色のイメージ連想ゲーム ①4～5人でグループ編成し，順番に1枚折り紙を選び，色から連想したことを順に話す。 　話型：「赤といえば炎の赤です。燃える炎のように情熱的です」 　　　　「白といえば画用紙の白です。何でも描いていける自由の色です」 ②全員発表したらその色を終え，次の人が色を選んで同様に連想していく。	教材資料 1-2
モデリング5分	●指導者によるモデルの提示 ・教材資料の台詞を例に，モデルを提示する。 ・悪いモデル（下を見て元気がない） ・良いモデル	教材資料 1-3 表情・声の大きさ・目線のほか，話の内容に注目させる。
スキルの教示5分	●自己紹介のポイントを提示する 　①聞き手の方を見て（顔を上げて）話す 　②聞き手に聞こえる声の大きさで話す 　③笑顔で話す ●上手な自己紹介について知る ・自己PRの大切さについて，例を挙げて説明を行う。	教材資料 1-1
ロールプレイ・フィードバック20分	●色のイメージに合う自分のエピソードを見つけ，自己紹介文を考える。 ・自己紹介カード③を配布し，色を使った自己紹介文を考えて記入させる。	配布物 1-3 机間巡視を行い，スタッフが書けない人の手伝いを行う。
	●グループで自己紹介をしあう ・自己紹介文をもとに自己紹介を行う。発表の観点に注目して聞くよう話す。 　※観点①表情・声・目線 　　観点②エピソードと色のマッチング ●全体で自己紹介（希望者または選抜）	良いモデルを真似するようにしてグループ発表。
	●発表の仕方について，お互いの感想を言う	よさを中心に言う。
まとめ5分	●全体でまとめ ・SST では「自分を知る」ことがまず大事で，自分をいろいろな言葉で表現できるようにするとよいことを伝える。	

2　準備する物　自己紹介カード③〈配布物1-3〉，折り紙

3　留意点

　一人ひとりの表情を見ながら，楽しく進める。色をイメージしてたとえることができない時には，机間巡視しながら案を出すなど支援する。

教師の教示例	板書例
「本日の活動は『自己紹介の仕方』です。自己紹介をして，これから共に活動していく仲間に，自分のことを知ってもらいましょう。また，この時，自分のよさを話しておくことも大事です。今回は，色のイメージで自己紹介をしてみたいと思います」	SST 自己紹介 色にたとえるなら〜？
「色を使った自己紹介の前に，連想ゲームをやりましょう。4〜5人でグループとなってください。折り紙を何枚か配りますね。1枚折り紙を選び，その色について思いつくことを順番に出してください。例えば，『赤』だったら『炎』『情熱的』など，『白』だったら『清潔』などが連想できますかね」 「全員発表を終えたら，次の人が他の色を選んで同様に連想を続けましょう」 「色のイメージを言葉にした中で，自分にぴったりの色はありましたか」	折り紙1枚ずつ 色のイメージ 赤：情熱的，熱い 白：清潔 ・・・ 順番にイメージを言っていこう！
「これから見本を見せます。どのように感じるか考えてください」 「どのようなところが悪かったでしょうか。班で話し合いリーダーが発表してみてください」 「表情や声，目線だけではなく，話の内容もちょっと工夫がなかったでしょうか」 「再度，見本を見てもらいます」 「今のは，どうでしたか」	悪い自己紹介 良い自己紹介 違いは？ 表情・声・目線？ ※生徒の意見を列挙する。
「自己紹介を2パターンみてもらいましたがどちらがよかったですか。2番目ですよね」 「就職試験などでは自分をアピールすることが求められます。自己紹介の中に自己PRを入れてみましょう。今回は先ほど考えた色のイメージを使っていきます」	
「自分の性格，ここでは得意なことでも苦手なことでもいいので，色と絡めて自己紹介文を作成しましょう」	
「グループで自己紹介をしてみましょう。良いモデルを参考に話してください。また，聞いている方も発表の観点に注目して聞いてください」 「今度はみんなの前で自己紹介をしてみましょう。各グループから1人ずつ，話してくれませんか」	自己PR 自分のよさのアピール 就職試験の面接など 色にたとえると？ たとえ方も評価？
「友達の自己紹介，どんなところがよかったでしょうか」	
「自己紹介は，これから学校や職場など様々な機会で行うと思います。自分を知って自分について話すことは大切ですね。今日は色にたとえましたが，他にも動物にたとえるなど，自分を紹介する時に，どうしたら分かりやすく伝えられるか，これからも考えてみてください」	SST「自分を知ること」のポイント 自分をいろいろな言葉で表現しよう！

教材資料 1-2　　色のイメージの例

白	青	緑	黄
清潔	空	草原	ひまわり
無地	晴れ	林	卵の黄身
うそのない	海	山	活動的
雪	湖	自然	注意（信号機）
⋮	⋮	⋮	⋮
⋮	⋮	⋮	⋮

教材資料 1-3　　モデリングの台詞

悪いモデル
「私は色にたとえると『赤』です。なぜなら赤が好きだからです」
良いモデル
「私の性格を色でたとえると『赤』です。なぜなら，今は○○に夢中で炎のように情熱的だからです。でも夢中になりすぎたら周りが見えなくなって赤信号です！」
「ぼくの性格は『緑』です。話すのがゆっくりで，よく周りから『癒やし系だね』と言われるので，山の緑のイメージです。しかし，『全然怒らないね』と言われますが，たまに噴火する時もあります。」

配布物 1-3　　自己紹介カード③

氏名

自分に合った色

色を使った自己紹介

2 ▶ 話し合いの仕方

中高生にとって，自分のことを分かってくれている親友と1対1で話をするのは，それほど無理のないことかもしれない。しかし，学校生活では，クラスメイトなど，複数の人に対して，何か自分の意見を発信しなければならないこともある。特に話すことが苦手な生徒は，話し合いで意見を言う，司会をして話し合いを進めるなどの経験は，全くと言っていいほどできていない。ここでは，複数の人と共に話し合いをする時にはどうしたら良いのかを，理解してもらうためのプログラムを挙げる。

こんな子いませんか？　話し合いに参加しないAくん

　Aくんは，ホームルームで話し合いをするように言われても，司会に指名されることもないし，自分で引き受けたこともなかった。また，参加者として自分の意見を言うこともなく，黙ってその時間をやり過ごしていた。特に，Aくんが発言しなくても，話し合いは進んでいき，結論が出るのであった。

　一方，周りの生徒たちは，「Aくんに意見を求めてもどうせ話はしないし，面倒くさい」「意見を言ってくれる人だけで話をした方が，手っ取り早くまとまるから，特に構うことはない」などと思っていた。

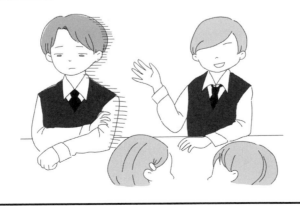

話し合いの仕方

1　目標

・話し合い活動における司会者（リーダー）と参加者（メンバー）の役割を理解する。

・話し合い活動の中で司会者と参加者の役割を遂行することができる。

	活動	配慮事項・教材
テーマの教示5分	●テーマとその意義の確認 ・話し合いの大切さや話し合いの司会者（リーダー）と参加者（メンバー）の役割について確認する。	
モデリング15分	●悪いモデルの提示（リーダー役，メンバー役） ①話し合いを進めない（リーダー） 　一方的に話す，参加しない，関係ない話をする（メンバー）	教材資料 2-1 悪いモデルの内容は生徒の実態に応じて設定。モデルの注目すべきポイントを伝える。
	●良いモデルの提示（リーダー役，メンバー役） ②メンバーに話を振る，意見にあいづちをうつ（リーダー） 　意見を簡潔に言う，自分から発言する，意見に反応する（メンバー）	教材資料 2-2
スキルの教示10分	●話し合い活動における役割を確認 ・2つのモデルの悪い点，良い点について出た意見を整理する。 ・ 教材資料 2-3 を黒板に貼り，話し合い活動のリーダーとメンバーの役割をまとめる。	教材資料 2-3 ポイントは視覚的に提示するとよい。
ロールプレイ・フィードバック15分	●話し合い活動のロールプレイ　 授業例 2-1 ・グループごとにリーダーを決める。 ・各グループで話し合うテーマを決めて，話し合う。	教材資料 2-4 配布物 2-1 リーダーには「話し合いのための司会者（リーダー）台詞見本」を持たせる。
	●振り返り ・「いいところ探しシート」を記入する。 ・グループ内で良かったところを互いに発表する。	配布物 2-2 「いいところ探しシート」に従い発表。
まとめ5分	●話し合いの仕方まとめ ・リーダーの役割とメンバーの役割を整理する。	

2　準備する物　話し合いのための司会者（リーダー）台詞見本〈配布物2-1〉，いいところ探しシート〈配布物2-2〉

3　留意点

　話し合い活動の初期は，参加生徒の実態に応じて「話し合いのための司会者（リーダー）台詞見本」を持たせ，安心して活動に取り組めるようにする。

教師の教示例	板書例
「学校で話し合いをする時に，司会をしたことはありますか。また，話し合いに参加している時に，自分の意見を言っていますか」 　「学校で話し合いの仕方を積極的に習う機会はあまりありません。しかし，大人になり，社会人になると，会議という話し合う機会は必ずあります。そこで，本日は，話し合い活動について，整理してみたいと思います」 　「話し合いには，司会者となるリーダーと参加者となるメンバーがいますが，それぞれどのようなことを行うか，まずは皆から挙げてみてください」	「話し合い」「会議」 大人になってもやらないといけないこと 話し合いにいる人 ・司会者（リーダー） 　何をする人か？ ・参加者（メンバー） 　何をする人か？
「それでは，ここで話し合いの仕方の2つのモデルを見てみましょう」 「リーダーの話し合いの進め方，メンバーの意見の言い方に注目してください」 「今のモデルはどうでしたか。何か感じたことを挙げてみてください」	感じたこと モデル① モデル② ※生徒からの意見を列挙する。
「さて，次のモデルはどうでしたか」 「はじめのモデルで良くないと感じたことは改善していましたか」	
「2つのモデルを見て，いろいろと意見を出してもらいました。まとめるとリーダーは……という3点，メンバーは……という3点が重要ですよ」 （教材資料を見ながらポイントを整理する）	**教材資料 2-3** を貼る
「では話し合いのロールプレイに移ります。リーダーは，話し合いのテーマ表を取りに来てください」 「話し合いたいテーマを選んで，話し合ってみてください。時間は5分間です」 「話し合った内容を，グループごとに発表してもらいますね」	
「話し合いをしてみてグループメンバーの良かったところを『いいところ探しシート』に記入しましょう」 「記入が終わったら互いに良かった点を伝えてください」	
「本日は，話し合い活動の仕方について，学習しました。リーダーの役割，メンバーの役割とそれぞれ3つずつありましたね」 「話し合い活動の時に使えるように，ポイントをよく覚えておいてください」	

教材資料 2-1　　モデリングの台詞①

話し合いのテーマ　　無人島に一つだけ持っていくなら何？

悪いモデル　　リーダー：A（話し合いを進めない）
　　　　　　　　　メンバー：B（自分の意見を一方的に話す），C（話し合いに参加しない）
　　　　　　　　　　　　　　D（テーマと関係のない話をする）

A：（無言）

B：無人島に持っていくなら，やっぱりサバイバルナイフだよね！　木を切ったり，料理にも
　使えるし。万能だよ。こないだちょうど通販番組でナイフが売ってて，結構安かったんだ
　よね。長さがだいたい20cmくらいで，すごく軽くて使いやすいみたいで。……（細かな
　ことを話し続ける）

A：（無言）

C：私は特に思い浮かばないな。

D：無人島と言えば，こないだテレビで無人島が1千万円くらいで売ってるってやってたよ。
　日本にも結構無人島があるみたいだね。でも無人島なんて買ってどうするんだろう。そも
　そも買う人いるのかな。

C：その話テーマとずれてるよ！

A：そろそろ時間だけど，何にも意見がまとまらないよ。

教材資料 2-2　　モデリングの台詞

話し合いのテーマ　　無人島に一つだけ持っていくなら何？

良いモデル②　　リーダー：A（話し合う内容を確認しメンバーに話を振る。意見を聞き，うなずく，
　　　　　　　　　　　　　　あいづちをうつ）
　　　　　　　　　　メンバー：B・C・D（自分の意見を簡潔に伝える。自分から意見を言う。他の
　　　　　　　　　　　　　　　メンバーの意見を聞き，うなずく，あいづちをうつ）

A：これから無人島に何を持っていくか，というテーマで話し合いをします。
　　時間は10分で，最後にグループとして意見をまとめます。
　　では，はじめにBさん，何か意見はありませんか。

B：はい，無人島に持っていくならサバイバルナイフがいいと思います。木を切ったり，料理
　に使ったり，いろいろなことに活用できるからです。

全員：うなずく

A：そうですね。ナイフがあれば便利ですもんね。

C：私は水がなければ生きていけないので，持っていくなら水だと思います。

全員：うなずく

A：確かに，生きるためには水がまずは大事ですね。

D：私ならライターか点火棒ですね。火をおこせないと困るし，火があれば料理したり水も確
　保できるし。

全員：うなずく

A：火も大事ですね。
　　もうすぐ時間なので，グループとして意見をまとめたいと思います。サバイバルナイフ，水，
　　ライター，どれも良いアイデアだと思いますが，どれか一つにするならどれがいいですかね。

教材資料 2-3　司会者（リーダー）と参加者（メンバー）の役割

【司会者（リーダー）の役割】	【参加者（メンバー）の役割】
・全員が意見を言えるように司会をする ・時間を確認しながら司会をする ・良い意見が出た時は褒める	・自分の意見を最低1回は言う ・時間を確認しながら話をする ・良い意見が出た時は褒める

教材資料 2-4　話し合いのテーマ表

・修学旅行は海外か国内か
・一億円当たったら，何に使うか
・高校生のアルバイトは良いと思うか
・好きな食べ物は先に食べるか，後に食べるか
・学校給食に賛成か，反対か
・タイムマシンがあったら，いつの時代にいくか
・生まれ変わるとしたら，どんな人になりたいか
・マナーが悪い人を見かけたときに，自分で注意するか，見て見ぬふりをするか

配布物 2-1　話し合いのための司会者（リーダー）台詞見本

「これから～～について話し合います。時間は5分です。何か意見のある人いますか」

「話し合うのは，○○についてです。どうでしょうか」

「はい，□□さん，どうぞ」

「なるほど，確かに□□さんが言ったように，～～ですね」

「他に意見はありませんか」

「それでは，そろそろ時間なのでグループの意見をまとめます。□□さんは～～，△△さんは……などの意見を言ってくれました。他にも○○さんは……と言っていました。これらをまとめると，×××のようになると思います」

配布物 2-2　　いいところ探しシート

●今日の活動をつうじて，グループのリーダー，メンバーの良かったところを記入しよう。

> リーダー：　　　　　　　　さん
>
>
>
>
>
> 　例：みんなの意見をまとめることができていた。時間を意識して話し合いを進め
> 　　　ていた。意見に対して「いいね！」と褒めてくれた。

> メンバー：　　　　　　　　さん
>
>
>
>
>
> 　例：意見に対して「それ，いいね！」と言ってくれた。うなずきながら話を聞い
> 　　　てくれた。

> メンバー：　　　　　　　　さん
>
>
>
>
>
> 　例：自分では思いつかないような，面白いアイデアを出していた。

●記入が終わったら，グループ内で互いの良かった点を発表し合おう。

授業例 2-1　　話し合い活動のロールプレイ

①リーダーが話し合いを進行する。

②メンバーが意見と理由を簡潔に伝える。他の人はメンバーの意見に，うなずく，あいづちをうつ。

③リーダーがグループの意見をまとめる。

④グループで話し合ったことを，クラス全体に，リーダーが発表する。

上手な話の進め方（始め方，続け方）について

1 目標
・スムーズに話を始めたり続けたりすることができる。
・上手な会話のテクニックを使って，話し合いができる。

	活動	配慮事項・教材
テーマの教示5分	●はじめに ・今回のテーマ「上手な話の進め方」を提示する。	配布物 2-3
モデリング15分	●悪いモデル提示：ダメな会話のパターンを知ろう ・唐突さ，ワンパターンで気のない返事をすることを強調したモデル。 ・モデルのどこが悪いか考え，黒板に整理する。 ●良いモデル提示：上手な会話のテクニックを知ろう ・にこやかにあいづちを打つこと，質問に５Ｗ１Ｈがあることに注目させる。	教材資料 2-5 教材資料 2-6 話の始め方と聞き手に注目させる。
スキルの教示10分	●上手な話の始め方，続け方 ・話すテクニック①〜③を整理し，板書する。 ①話し始めのテクニック 　挨拶（こんにちは，やあ，など） 　話を始めるきっかけを作る（つかぬことを聞くけれど，あのさー，など） ②上手な会話の続け方のテクニック 　相手の方を向いて話を聞く（姿勢） 　表情やあいづちで相手に話を聞いている態度を示す ③会話を広げるテクニック 　「いつ（When），誰が（Who），どこで（Where），何を（What）， 　なぜ（Why），どのように（How）」という５Ｗ１Ｈを意識して質問する。	
ロールプレイ・フィードバック15分	●上手な話の進め方のロールプレイ ①グループをつくり，「聞く人」・「話す人」・「見る人」の３役に分かれる。 ②机の上にトークテーマカードを裏返して置く。カードは，ロールプレイの回数に応じて配布する。 ③取ったカードのテーマについて，聞く人と話す人が２分間話し合う。２分過ぎるか，５往復会話が続いたら終了となる。 ④見る人はチェックシートをつけながら話し合いを観察し，ロールプレイ終了後，良かったところを伝える。特に会話の始まりや，つなぎ，聞く態度に注目して観察する。 ⑤３役を交代して，ロールプレイを続ける。	配布物 2-4 配布物 2-5
まとめ5分	●まとめ ・話し始め，上手な会話の続け方，会話を広げるテクニックをまとめる。	

2　準備する物　チェックシート①②〈配布物2-3・2-4〉，トークテーマカード〈配布物2-5〉

3　留意点

　道でばったり会った，バス停で会った，電車が一緒だったなど人とおしゃべりすることは日常茶飯事である。そこで不自然に黙り込まないようにするための練習である。

教師の教示例	板書例
「今日は会議や話し合いの場でなく，例えば同じクラスの人と電車やバス，登下校時に一緒になったなどの場面で何気なく話す方法を勉強します。最初にふだんの自分の会話をチェックシートで振り返ってみましょう」	
「それでは，２人の会話をまずは見てみましょう」 「今の会話の悪いところをあげてみましょう。話し手はどうでしたか。それに対して聞き手はどうでしたか」 「次の２人の会話を特に『話し始め』と『聞き手』に注目して聞いてみましょう」 「さっきの会話とどう違うか，気づいたことを，言ってみてください。どんなところが良かったですか。話し始めや聞く人の態度はどうでしたか。どんな返し方をしていましたか」	**教材資料 2-7** **教材資料 2-8** ※モデルで気づいてほしい点をまとめた資料をあらかじめ用意しておき掲示する。
「良いモデルを参考に，上手な話の始め方と続け方を考えていきましょう。そうですね，まず『話し始め』は『挨拶』しますね。挨拶にはどんな言葉があるかあげてみましょう。『こんにちは』『やあ』もいいですね。」 「ほかに『話し始め』のきっかけにはどんな言葉があるでしょうか。『あのさー』『つかぬことを聞くけど……』なんていうのもいいですね。会話を続けるには話し相手の方を見ることも大事です。また相手に話を聞いていることを示す態度も大事です。」 「それから会話を広げるには，５Ｗ１Ｈ，疑問詞を使うといいですね」	**教材資料 2-9** ※テクニックをまとめておき，掲示する。
「それでは，グループを作って，『聞く人』・『話す人』・『見る人（複数人も可）』の３役に分かれて，話し合いをしてみましょう。机に裏返して置かれたトークテーマカードを引いて話す人と聞く人が会話をします」 「話の始め方と続け方に注意してやってみましょう」 「会話は５往復続いたらOKで，２分で終わりです。見る人はチェックシートにチェックして会話した２人に結果を伝えます。では始めましょう」 「会話の始まり，会話のつなぎ，聞く態度はどうでしたか。感じたこと気づいたことをグループの人たちに教えてください」	ロールプレイ トークカードを引いて会話してみよう！ ・聞く人 ・話す人 ・見る人（観察者） ３役に分かれてやってみよう！
「普段の生活でも，チェックシートの項目に気をつけて話してみましょう」 「本日は話の進め方について確認しました。話し始め，上手な会話の続け方，会話を広げるという３つのテクニックに注意しましょう」	本日のまとめ 会話の始め方，続け方，会話の広げ方に気をつけて話そう

教材資料 2-5　　悪いモデリング例

Ａさんの設定		Ｂさんが抱くであろう思い
相手の目を見ずに話をする／話を聞いている。	→	会話しようという気持ちがないと思う。
あいづちが全くない。	→	本当に聞いているのか不安になる。
聞いている時に無表情。	→	Ａさんは不機嫌なのかと思う。
聞いている時に何か他のことをしていたり，他のことを考えている。	→	せっかく話しているのに，話したくない気持ちになる。

　　Ａ「(いきなり話し始める) 趣味ってありますか」
　　Ｂ「釣りが好きです」
　　Ａ「(そっけなく) そうなんですね」
　　Ｂ「この前はクロダイを釣りました」
　　Ａ「(そっけなく) そうなんですね」
　　Ｂ「……(黙り込んでしまう)」

教材資料 2-6　　良い会話のモデリング例

　　Ａ「おはよう。いい天気だね。ところで，君は日曜日はどんなことしているの？」
　　Ｂ「釣りに行ったりするよ」
　　Ａ「へえ！　釣りに行ったんだね。釣りが好きなんだね，どんな魚を釣るの？」
　　Ｂ「この前はクロダイを釣ったんだよ」
　　Ａ「え，クロダイ釣ったの？　すごい！　船釣り？　どこの海？」
　　Ｂ「船。千葉の南房総の海だよ」
　　Ａ「千葉の海なんだ。楽しそうだなあ！　家族と一緒に行くの？」
　　Ｂ「お父さんの昔からの釣り仲間がいて，ぼくも含めていつも４，５人で一緒に行ってるんだよ」
　　Ａ「４，５人で行くんだ。」
　　Ｂ「子どもの頃から父親に連れて行ってもらっていたよ」
　　Ａ「うらやましい！　私もずっと釣りに行ってみたいと思っていて……」
　　Ｂ「今度，一緒に行く？」
　　Ａ「行きたい！　ぜひよろしく‼」

教材資料 2-7　　悪いモデルの分析例

相手の話を聞かず上の空である。
目を合わせない。
無表情である。
事務的な話し方である。

教材資料 2-8　　良いモデルの分析例

会話の始まり
　挨拶，天気の話
　（話し始めようという気持ちを伝える）
会話のつなぎ方
　相手の話を繰り返して会話を進めている
　（あなたの話を聞いているよということを伝える）
会話の広げ方
　5W 1H を活用する

教材資料 2-9　　会話の3つのテクニック

①話し始め
・挨拶（こんにちは，やあ，など）
・始めるきっかけを作る（つかぬこと
　を聞くけれど，あのさー，いい天気
　だね　など）

②会話
・話し相手の方向を向いて話を聞く
　（姿勢）
・表情やあいづちで相手にも聞いてい
　る態度を示そう

③会話を広げるテクニック

5W1H の質問

When
いつ

Who
誰が

Where
どこで

Why
なぜ

What
何を

How
どのように

5W1H を使って質問すると会話が広がる。

配布物 2-3　　チェックシート① 自分の会話の様子を振り返ろう

チェックシート①ふだんの自分の会話の様子を振り返ろう！　　　　　　年　月　日					
名前　＿＿＿＿＿＿＿					
ふだんの自分の会話を振り返って「いつも」「たまにある」「全くない」の3つのどれかに○を付けよう。					
話し手の時	1	自分が話をしている時に相手の目を見ていない。	いつも	たまにある	全くない
	2	ジェスチャーを使わずに話している。	いつも	たまにある	全くない
	3	一方的に自分の話だけしてしまう。	いつも	たまにある	全くない
	4	相手の話をさえぎって自分の話をしてしまう。	いつも	たまにある	全くない
聞き手の時	5	人の目を見ずに話を聞いている。	いつも	たまにある	全くない
	6	他人の話を聞いた後に特に何も言わない。	いつも	たまにある	全くない
	7	他人の話を聞いている時にうわの空で他人の話が耳に入っていない。	いつも	たまにある	全くない
	8	他人の話を聞いている時にあいづちがない。例：うなずかない，首をかしげる，表情の変化が乏しい等	いつも	たまにある	全くない
	9	他人の話を聞いている時に返事がワンパターンである。例：そうですね。うん，はい等	いつも	たまにある	全くない
	10	誰かが話を聞いている時に手遊びをしてしまう。	いつも	たまにある	全くない

配布物 2-4　　チェックシート② 上手な会話の仕方を学ぼう

チェックシート②上手な会話の仕方を学ぼう　　　　　　年　月　日			
話し手　＿＿＿＿＿＿＿ 聞き手　＿＿＿＿＿＿＿ 見ていた人　＿＿＿＿＿＿＿			
ロールプレイを見て，できている行動があれば ☑ を付けよう！			
	☑ がついている項目は，回数や場面が適切かどうか○を付けよう！	行動	場面や回数が適切だったか
1	会話が5往復続いた。		ちょうどいい　もう少し
2	WHEN「いつ」が使えていた。		ちょうどいい　もう少し
3	WHERE「どこ」が使えていた。		ちょうどいい　もう少し
4	WHAT「何が」「何したの？」が使えていた。		ちょうどいい　もう少し
5	WHO「誰が？」が使えていた。		ちょうどいい　もう少し
6	WHY「どうして？」「なぜ？」が使えていた。		ちょうどいい　もう少し
7	HOW「どのように？」が使えていた。		ちょうどいい　もう少し
8	相手の話を聞いている時に「うん」「そうなんだ」等が言えていた。		ちょうどいい　もう少し
9	相手の話を聞いている時にあいづちをうっていた。　例：うなずく，首をかしげる，表情の変化がある等		ちょうどいい　もう少し
10	「へぇ」「すごいね」といった感嘆詞がでていた。		ちょうどいい　もう少し
11	質問のタイミングが適切だった。		ちょうどいい　もう少し
12	話を聞いている姿勢が維持できていた。		ちょうどいい　もう少し

配布物 2-5　　トークテーマカードの案

・趣味

・好きな漫画，本

・好きな（嫌いな）教科

・最近気になるニュース

・行列に並ぶのは好きか嫌いか

・イヌ派？　ネコ派？

・友だちが待ち合わせ時刻に遅れてる！　どのぐらい待てる？

・夏に行くなら……山？　海？　はたまた……

・電車は乗る派？　撮る派？　それとも何派？

・1万円もらったら何に使う？

・好きな音楽やジャンルは？

・行ってみたい国は？

＊これらをカードに書いて裏返しにして，机の上に並べる。

3 ▶ 上手な断り方

　生徒たちの生活の中には，できないことは「できない」と言わなければいけない時がある。例えば，他の人に言われたけれども，実行するにはかなり物理的，社会的に無理がある場合や，悪いことをしないかと仲間に誘われた場合などには，どのように断れば良いのだろうか。

　断りにくいので，「嘘をついて断る」というのではなく，礼儀を尽くして気持ちよく断るためにはどうしたら良いのか，その方法について考えてみたい。加えて上手な頼み方も考えてみたい。

こんな子いませんか？　断り方が分からず困るＡくん

　Ａくんは，親友から「必ず返すから，お金を貸してほしい」と言われた。その金額は10万円とかなり高額であった。Ａくんは，これまでお年玉を使わないでためていたので，自分の貯金をかき集めれば，それくらいの金額があった。しかし，返すと言われても，貸してしまっていいのだろうか。お金の貸し借りは，大人でも「良くないこと」だと両親が話していた。親友は困った様子であったが，貸したくはない。だけど断ったら今後親友との関係はどうなるのだろうか。どうやって断ったら良いだろうか。

上手な断り方①

1　目標
・無理な頼みや誘いを引き受けてしまい自分が困ることがないよう，断るのか，断らないかを判断するためのポイントを理解する。

	活動	配慮事項・教材
テーマの教示 5 分	●テーマとその意義の確認 ・自分の置かれた状況で断るべきか，断らないべきかの判断について学ぶことを伝える。 ・テーマの意義を参加生徒の日常生活に即して伝える。	
モデリング 15 分	●話し合いのモデルの提示 ・グループ内で，断るか，断らないかを話し合い，決定するモデルを見せる。	教材資料 3-1 モデルの注目すべきポイントを伝える。
スキルの教示 10 分	●「断る」「断らない」を判断する際に，考慮すべき内容を確認 ◆依頼の内容が，道徳的，倫理的に無理なこと，違法なことかどうか ◆依頼の内容が，物理的に無理なことかどうか 　・宿題がある／ない　　・お金がある／ない 　・体調が良い／悪い　　・別の用事がある／ない	配布物 3-1 「『断る』『断らない』判断シート」を配付。
ロールプレイ・フィードバック 15 分	●「断る」「断らない」の話し合い　授業例 3-1 ・「状況カード」を引き，グループで断るかどうか，「判断レベルシート」を参照しながら理由を明確にして話し合う。 ・グループでの話し合いの様子を発表し，全体で検討する。	配布物 3-2 配布物 3-3 リーダーは，指導者が事前に決めておく。 「状況カード」は生徒の実態に応じて難易度を設定する。
	●フィードバック ・指導者が各グループの発表内容や話し合いの様子に対して，良かった点を伝える。	
まとめ 5 分	●まとめ ・誘われたり，頼まれたりした際には，「『断る』『断らない』判断シート」を思い出して，引き受けるかどうか，慎重に考える。 ・引き受けるべきか迷った時には，他の人に相談する。	

2　準備する物　「断る」「断らない」判断シート〈配布物3-1〉，判断レベルシート〈配布物3-2〉，状況カード〈配布物3-3〉，箱

3　留意点

　見通しをもつことが難しい生徒もいるため，「断る」「断らない」を判断する際の具体的なポイントを伝え，自分の状況を考えることができるようにする。

教師の教示例	板書例
「本日のテーマは『上手な断り方』です。皆さんは，友だちや先輩から何か頼み事をされたり，誘われたりしたことはありますか。その際に，引き受けるか，断るか迷ったことはありませんか」 「『断る』ことが必要な時でも，断りにくい，と感じたことはあるでしょう。でも断らなければいけないこともありますね。今回は，頼みごとや誘いを断るべきか，断らないべきか，判断するポイントを考えてみましょう」	「上手な断り方」 　友だちや先輩からの頼みごと・誘い
「さて，これから友だちからの頼みを断るかの話し合いを見てもらいます。どのような理由で断る，または断らないと判断しているかに注目してください」 「さあ，どうだったでしょうか」 「この場合には，話し合いの結果，『前に貸した物を返してもらったら貸す』という条件付きで引き受けるとなりましたね」	判断の話し合いのポイントは ※生徒から挙げてもらった意見を列挙していく。
「さて，断るべきもの，断らないもの，どこを基準に線が引かれるのでしょうか。断るべきものは，どのような内容でしょうか」 「今から『「断る」「断らない」判断シート』を配ります。それには，断る基準が書いてあります。1つ目は……で，2つ目は……3つ目は……4つ目は……5つ目は……ですね。他に何かありますか」 「このシートを判断する時の助けに使いましょう」	
「では，話し合い活動をします。箱の中から『状況カード』を1枚選び，断るかどうか判断しましょう。その内容が断るべきものであった場合には，『判断レベルシート』のどの理由に当てはまるのか，グループで話し合い，最後に1つの意見にまとめてください」（カードを変えて活動を繰り返す） 「各グループの話し合いが終わったら，話し合った内容を全員の前でリーダーに発表してもらいたいと思います」	断るべきか断らないべきか？ Aグループ 　結論：理由：判断レベル Bグループ 　結論：理由：判断レベル Cグループ 　結論：理由：判断レベル
「このグループの発表は，非常に深いところまで，内容を考えていましたね。とても良い話し合いだったと思います。また，反対意見に対しても，グループの人がよく話し合って，最後に全ての人が納得のいく結論になっていましたね。とてもよくできました」 「皆さん，○○グループに拍手をしてください」	Dグループ 　結論：理由：判断レベル Eグループ 　結論：理由：判断レベル ※発表内容を板書に挙げていく
「本日は，断るかどうかを判断する時に，どのような根拠があるかを考えました。何か頼まれごとや誘いを受けた時には，『「断る」「断らない」判断シート』を思い出して，引き受けるかどうか，慎重に考えてくださいね。迷う時には周りに相談しましょう」	まとめ 断ることが必要な場合がある。 →判断する根拠を考慮。

教材資料 3-1 モデリングの台詞

話し合いのモデル

> リーダー：A（司会をし，グループとしての意見をまとめる）
> メンバー：B，C（「断る」「断らない」の判断とその理由を述べる）

「断るかどうかカード」

> 以前に一度，物を貸して返ってきていない友だちに，マンガを貸してほしいと頼まれた。断る？　断らない？

A：これから，「以前に一度，物を貸して返ってきていない友だちに，マンガを貸してほしいと言われた」時に，「断る」「断らない」について話し合いたいと思います。何か意見ありますか。

B：はい，私は「断る」と思います。なぜなら，前にも貸して返ってきてないのだから，今回もまた返ってこない可能性があると思うからです。

A：そうですね。貸した物を返してもらえない人には，貸したくないと思いますよね。

C：私は，「断らない」で貸すと思います。だって，そこで断ったらその友だちとの関係が悪くなってしまうと思うから。それに返ってきてないのは一回だけなら，今回は言えばちゃんと返してくれると思う。

A：なるほど。友だちとの今後の関係も考えなくてはいけないですよね。
　それではグループとして意見をまとめたいと思います。Bさんは，貸した物を返してくれない友だちには「断る」という意見でした。Cさんは反対に，「断る」と友だち関係が悪くなってしまうから「断らない」という意見でした。それぞれの意見を取り入れ，前に貸した物を返してもらうよう伝え，返してもらった後で，今回のマンガを貸すというのはどうでしょうか。

B：それならいいと思います。

C：私もその方がいいと思います。

貸す？　貸さない？

配布物 3-1　　「断る」「断らない」判断シート

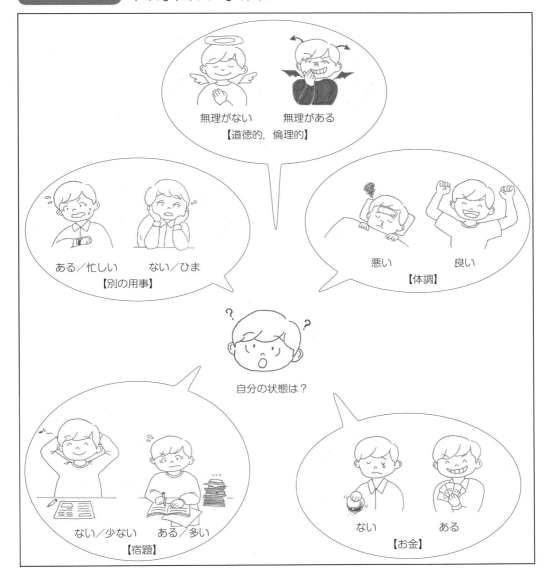

配布物 3-2　判断レベルシート

●レベルⅠ（判断基準があり，結果が明確）

(1)クラスメイトから，「理由は言えないけど，本当に今困っているから 10 万円貸してくれないか」と頼まれた。

(2)SNS で出会った人に，今度の日曜日に会おうと誘われた。

(3)友だちに「お酒を飲もう」と誘われた。

(4)クラスメイトから，「あいつ，気に入らないから殴ってこい」と言われた。

(5)先輩から「コンビニでトレーディングカードを万引きしてこい」と言われた。

(6)友だちに「次のテストでどっちが点数が高いか，賭けよう」と誘われた。

●レベルⅡ（判断基準はあるが，自己判断することが必要）

(7)クラスメイトから，「ジュースを買うのに 10 円足りないから貸して，すぐ返すから」と頼まれた。

(8)学校から帰ったらすぐに宿題をやると親と約束をしているが，友だちに「今日の放課後，遊びに行こう」と誘われた。

(9)自分の次の授業が英語だったが，隣のクラスの友だちに「英語の教科書を貸して」と頼まれた。

(10)以前に一度，物を貸して返ってきていない友だちに，マンガを貸してほしいと頼まれた。

●レベルⅢ（判断基準がなく，自分で判断することが必要）

(11)友だちに，「今度，家に遊びに行っていい？」と言われた。

(12)友だちに，「日帰りで旅行に行こう」と誘われた。

(13)友だちに，「○○部に入ってほしい」と頼まれた。

(14)友だちに，「有料のアプリをダウンロードして一緒にゲームをやろう」と誘われた。

(15)友だちに，「原付バイクの免許を一緒に取りに行こう」と誘われた。

配布物 3-3　「状況カード」の例

※　**配布物 3-2**　の(1)～(15)の文を 1 枚ずつカードに書き，「状況カード」を作る。

クラスメイトから，「理由は言えないけど，本当に今困っているから 10 万円貸してくれないか」と頼まれた。	SNS で出会った人に，今度の日曜日に会おうと誘われた。
友だちに「お酒を飲もう」と誘われた。	クラスメイトから，「あいつ，気に入らないから殴ってこい」と言われた。

授業例 3-1　　　「断る」「断らない」の話し合い

①リーダーが箱から「状況カード」を一枚ひく

②グループ内で，カードの内容について断るべきか全員が意見を出し合う。

意見ある人
いますか？

断るべきだと
思います。な
ぜなら……。

③話し合った意見をグループ内でまとめる（①〜③をくり返す）。

グループの
意見として
は……。

④リーダーがグループの話し合いの様子を全体で発表する。

△△のカードでは，
私たちのグループ
では，「断る」とい
う意見が多く……。

上手な断り方②

1 目標
・相手に不快な思いをさせないようにして断ることができる。
・相手を見て，真剣な表情で，相手に聞こえる声で断ることができる。

	活動	配慮事項・教材
テーマの教示5分	●テーマとその意義の確認 ・友だちに何か誘われた際に断る時，どう断ればよいか，何と言うかについて学ぶと伝える。	テーマの意義を参加生徒の日常生活に即して伝える。
モデリング15分	●悪いモデルの提示（お願いする役，断る役） ①攻撃的な断り方をする。 ②非主張的な断り方をする。 ・モデルの悪い点について意見を発表する ・相手との関係がどうなるかについても考え，意見を発表する	教材資料 3-2
	●良いモデルの提示（お願いする役，断る役） ③主張的な断り方をする。 ・モデルの良い点について意見を発表する	
スキルの教示10分	●上手な断り方のポイントを確認 ・上手な断り方のポイントを提示する。 ①クッション言葉（ごめん，悪いけど，など）　＋　②理由　＋　③断り　＋　④代替案 ・上手な断り方のポイントについて，具体的な文章を提示して説明する。また上手に断るときの表情・表現のポイントについても述べる。	教材資料 3-3 教材資料 3-4 黒板／ホワイトボードにポイントを掲示。
ロールプレイ・フィードバック15分	●上手な断り方のロールプレイ　授業例 3-2 ・グループごとにロールプレイを行う。 ・誘う人，断る人，観察者の役を全員が実践できるよう交代しながら練習することを伝える。 ・観察者（や指導者）は断り方の良かった点などを伝える。	配布物 3-4 「リジェクトシート（難易度1〜3）」を各グループへ配付する。
まとめ5分	●まとめ ・上手に断ることの必要性，ポイントを確認する。 ・断り切れない，どうしたらよいか悩んだ時には周囲（家族・友人・先生）に相談することを確認する。	困った時に相談することの大切さを伝える。

2　準備する物　リジェクト（断り）シート〈配布物3-4〉

3　留意点

　不適切な断り方（攻撃的・非主張的な断り方）がどうしてよくないのか，適切な断り方がなぜ重要なのかを考えさせ，理解できるようにする。

教師の教示例	板書例
「今回も上手な断り方についての学習です。今日は相手も自分も嫌な気持ちにならない断り方について考えてみます」	上手な断り方
「これからモデルを２つ見せます。相手も自分も嫌な気持ちにならない断り方ができているかに注目してください」 「今の断り方はどうだったでしょう。感じたことを言ってください」 （①と②のモデルそれぞれに意見を出してもらう）	モデルの断り方 ① ② ③ ※意見を列挙する。
「今の断り方はどうだったでしょう。感じたことを言ってください」 （③のモデルを見た意見を出してもらう）	
「上手に断るには，①クッション言葉・②理由・③断り・④代替案の４つの内容を入れて伝えることが大切です」 「さらに，断る時には，表情や表現の仕方にも注意しましょう。①相手の顔を見て，②真剣な表情（申し訳なさそうな表情）で，③相手に聞こえる声で断る，ということが重要です」	上手な断り方のポイント ①クッション言葉（謝罪など）「ごめんね」 ②理由「〜だから」 ③断り「できない」 ④代替案「代わりに……」 　※教材資料を掲示する。 上手に断る時の表情・表現 　※教材資料を掲示する。
「今から，グループごとに断り方のロールプレイをやってみます。全員がそれぞれの役割を体験できるように交代しながら進めてください」 「誘う人は，リジェクトシートから，１つ選び『誘う人』の面に書かれた内容を読んで相手を誘ってみてください。そして，断る人は『断る人』の面を読み，書かれた理由に沿って断ります。観察者は，その断り方の良かった点やもう少し工夫した方が良い点なども伝えてください」 「全ての役割を全員が体験できたら，グループで気づいた断り方で良かった点，もっと工夫すると良い点などをクラス全体に発表してもらいます」	各グループでロールプレイ ・誘う人 ・断る人 ・観察する人 断り方の良かった点 （生徒から出た意見を列挙する）
「断る時の判断の仕方について学習した前回に続き，今回は，上手な断り方を学習しました。断る必要がある時には，相手に対して誠実に向き合い，不快にしないように断ることが大切です。また，もし断り切れなかったり，どうしたらよいか悩んだりした場合は，周囲の人（家族・友人・先生）に相談しましょう」	まとめ ・断るべき内容の判断 ・断り方の手順 わからない時には ・周りに相談する

62

教材資料 3-2　モデルの台詞

悪いモデル①

> お願いする人：Ａ
> 断る人：Ｂ（攻撃的な断り方：怒ったり，ぶっきらぼうな言い方で断る）

Ａ：Ｂ君，ちょっとお願いしたいことがあるんだけど，いいかな。
Ｂ：お願いごと？　なに？
Ａ：この間の，学校生活アンケートの集計の締め切りが明後日までなんだけど，アンケートの枚数が多すぎてとても一人でやってたら間に合いそうにないんだ。悪いけど，手伝ってくれないかな。
Ｂ：え，なんで俺がやらなきゃいけないんだよ。自分の仕事でしょ？！
Ａ：そうなんだけど，他に頼める人がいなくて。
Ｂ：そんなこと急に言われたって，嫌だよ！

悪いモデル②

> お願いする人：Ａ
> 断る人：Ｂ（非主張的な断り方：はっきり断らず，相手に察してもらおうとする）

Ａ：Ｂ君，ちょっとお願いしたいことがあるんだけど，いいかな。
Ｂ：お願いごと？　なに？
Ａ：この間の，学校生活アンケートの集計の締め切りが明後日までなんだけど，アンケートの枚数が多すぎてとても一人でやってたら間に合いそうにないんだ。悪いけど，手伝ってくれないかな。
Ｂ：うーん，今日は……。
Ａ：今日何かあるの？　その用事を明日にして，今日は仕事を手伝ってもらってもいい？
Ｂ：でも……。うーん。
Ａ：いいでしょ！　ね。じゃあ，お願い！！！
Ｂ：（あいまいに）あ，ああ。うん……。

良いモデル③

> お願いする人：A
> 断る人：B（主張的な断り方：はっきり断るが，自分も相手も傷つけない断り方をする）

A：B君，ちょっとお願いしたいことがあるんだけど，いいかな。

B：お願いごと？　なに？

A：この間の，学校生活アンケートの集計の締め切りが明後日までなんだけど，アンケートの枚数が多すぎてとても一人でやってたら間に合いそうにないんだ。悪いけど，手伝ってくれないかな。

B：ごめん！　今日は家族と出かける用事があって，早く帰らないといけないから手伝えないんだ。明日は時間があるから，明日でもいいなら手伝えるよ！

A：そっか。それじゃあ，申し訳ないんだけど明日の放課後，またお願いするね！

B：分かった！　それじゃあまた明日ね！

教材資料 3-3　　上手な断り方のポイント(提示の例)

> ごめん，今日は宿題が残っているから，
> ①クッション言葉　②理由
>
> 一緒にカラオケは行けない。今週の土曜日なら行けるよ。
> ③断り　　　　　　　　　　④代替案

●断るときの文の例

①クッション言葉（謝罪）	②理由	③断り	④代替案
悪いけど	体調がよくないので	……できません	明日（別の日）なら
すいません	家の用事があるので	……できない	大丈夫
申し訳ありませんが	それはよくないと思うから		また誘って

教材資料 3-4　　上手に断るときの表情・表現

良い表情・表現	悪い例
①相手の顔を見る	①下を向く
②真剣な表情	②へらへらする・怒る・攻撃する
③相手に聞こえる声	③声が小さくて聞こえない

・この内容を板書しながら進めてもよい。
・悪い例から良い表情・表現を推測させてもよいし，良い表情・表現から悪い例を推測させてもよい。
・良さを強調するために両者を示すとよい。

配布物 3-4　　リジェクト（断り）シート（真ん中を折って三角の形にして，対面する人との間に置く）

［パネル1］

誘う人
あなたは相手を遊びに誘う人です。
●先月買ったゲームがある
●対戦ゲーム
●コンピューターとの対戦に飽きた
●友だちと対戦したい
●親は出かけているので，家でたくさん遊べる
＊相手が遊べない理由を述べたら終了

レベル：☆☆☆
断る人
あなたは今日どうしても早く下校しなければいけない人です。
【謝罪】ごめん、すいません
【理由】自分で用事を考えて，理由を伝えよう！
【断り】〜できません
【代案】相手の状況を聞き、自分にできる代案を考えてみよう！

［パネル2］

誘う人
あなたは相手に仕事を頼む人です。
●生徒会選挙の集計
●締めの切りは明後日

レベル：★★☆
断る人
あなたは今日どうしても早く下校しなければいけない人です。
【謝罪】ごめん、すいません
【理由】自分で用事を考えて、理由を伝えよう！
【断り】〜できません
【代案】相手の状況を聞き、自分にできる代案を考えてみよう！
＊相手が今日できない理由を述べたら終了

［パネル3］

誘う人
あなたは相手にお金を借りるお願いをする人です。
●今日発売のゲームがある
●所持金に、あと500円足りない
●早く行かないと売り切れる
●母に頼んでも、借りられるか分からない
●どうしてもそのゲームが欲しい！
＊相手が代案を述べたら終了

レベル：★★★
断る人
あなたは800円持っていますが、お金の貸し借りをしたくない人です。
【謝罪】ごめん、すいません
【理由】自分で理由を考えて伝えよう
【断り】貸せません
【代案】相手の状況を聞き、自分にできる代案を考えてみよう！

↑この線で折る

授業例 3-2　上手な断り方のロールプレイ

①グループ内で，誘う人，断る人，観察者に分かれる。

②誘う人は「リジェクトシート」を見ながら，相手を誘う。

一人じゃ大変だから，悪いけど手伝ってくれないかな？

③断る人は「リジェクトシート」を見ながら，相手からの誘いを断る。

ごめん，今日は家の用事があって手伝えないんだ。

④誘う人は断られてどう感じたか，観察者から見て断り方がどうだったか，意見を伝え合う。

今の断り方は……。

上手な頼み方

1　目標

・上手な頼み方も知識として身に付ける。

・相手の気持ちを大切にしながら，人にものを頼むことの重要性が理解できる。

	活動	配慮事項・教材
テーマの教示5分	●テーマとその意義の確認 ・社会生活において必要なコミュニケーションスキルである，「上手な頼み方」に着目して行う。 ●上手な頼み方を考える ・「こんなときどうする？」クイズをパワーポイント等を使って出題する。	教材資料 3-5 人に頼みごとをするのは悪くないことを理解させる。
モデリング15分	●頼み方のモデルを提示する ・2つのケースを挙げ，それぞれ①〜③のモデリングを示す。 　①乱暴な言い方のモデリング 　②頼みごとができていないモデリング 　③適切なモデリング ・3つのモデリングそれぞれの気づいた点を挙げてもらう。	教材資料 3-6
スキルの教示10分	●上手な頼み方のポイントを説明する	配布物 3-5
ロールプレイ・フィードバック15分	●上手な頼み方のロールプレイを行う	教材資料 3-7 をもとに，クラス全体に頼みごとの内容を示す。
まとめ5分	●全体でまとめ ・相手の気持ちを大切にしながら，頼みごとをすることの大切さを確認する。 ・上手な頼み方のポイントを再確認する。 ・困った時に頼みごとができる相手がいることの大切さを確認する。	

2　準備する物　上手な頼み方のポイント〈配布物3-5〉

3　留意点

　困った時うまくいかない時に自分一人で抱え込まないで，他の人に助けを求めることも重要なスキルであることを知る。

教師の教示例	板書例
「今日のテーマは，社会生活において，必要なコミュニケーションスキルである『上手な頼み方』についてです」 「人に頼みごとをする時どうやったら良いかを勉強しましょう」 「それでは，『こんなときどうする？』クイズをします」 「人に頼みごとをすることは，決して悪いことではありません。ただし頼む時には，相手の気持ちを大切にしながら，頼むことが重要です」	今日のテーマ 上手な頼み方
「では，これから，頼み方のモデルを1つのケースについてそれぞれ①～③の3つ見てもらいます」 「ケース1の頼み方3つはどうだったでしょうか。誰か意見を聞かせてくれませんか」 「次のケースです」 「ケース2の頼み方3つはどうでしたか」	ケース1 ①　②　③ ケース2 ①　②　③ ※出た意見をそれぞれに板書する。
「それでは，モデリングを参考に上手な頼み方のポイントを確認していきましょう」 「上手な頼み方のポイントは，①クッション言葉を使う，②具体的に自分の状況説明・理由，結論を伝える，③お礼と代案を伝える，この3つが大事です」 「次に，態度について考えてみましょう。上手な頼み方をする時の態度は，①相手の目を見て言う，②相手に聞こえる声で言う，③丁寧な言葉を使う（特に，目上の人に対して）が大切です」	上手な頼み方のポイント ①クッション言葉を使う ②具体的に状況説明・理由，結論を伝える ③お礼と代案を伝える 態度のポイント ①相手の目を見て言う ②相手に聞こえる声で言う ③丁寧な言葉を使う
「それでは，今度は自分たちで上手な頼み方のロールプレイをやってみましょう。4人グループになり，1人が頼みごとのロールプレイをし，他の3人はその様子を観察します。テーマはクラス全体に指示します。ロールプレイをした生徒へ3人からフィードバックしましょう。全員がロールプレイしたら終了です。相手の気持ちを考えながら、上手に頼むことが大事です」	
「今日は，相手の気持ちを大切にしながら，頼みごとをすることの大切さを勉強しました。上手な頼み方のポイントは覚えていますか」 「困った時頼みごとができる相手がいることはとても大切ですよ。日頃から挨拶をしたり話しかけたりして，周りに頼れる人を見つけておきましょう」	頼む時には 相手の気持ちを大切にする！ 頼れる相手をもつことが大切！

教材資料 3-5 「こんなときどうする？」クイズ

「こんなときどうする？」クイズ

▶これからいくつか困った場面がでてきます。
▶自分が「正しいと思う行動」の選択肢を選んでください。

Q1
次の授業を受ける教室が分かりません。
あなたなら，どうしますか？

1．ぼーっと立っている。
2．とりあえず，どこかの教室に
　向かってみる。
3．クラスメイトに聞く。

正解は…
3．クラスメイトに聞く。

自分1人で解決するのが難しい時は、人に頼ることも
大切です。

Q2
授業中に隣の席の友だちがしつこく話
しかけてきました。
あなたなら，どうしますか？

1．友だちをにらむ。
2．友だちに「ごめんね，今じゃなく
　て休み時間に話そう」と伝える。
3．お母さんに「隣の席の子がうる
　さい」と言う。

正解は…
2．友だちに「ごめんね，今じゃなく
て休み時間に話そう」と伝える。

言葉ではっきりと自分の気持ちを相手に言うと，伝わ
りやすくなります。

ごめんね、今じゃなくて
休み時間に話そう。

Q3
職員室のコピー機の使い方が分かりま
せん。
あなたなら、どうしますか？

1．「コピー機動かないんですけどー
　！！！」と大声を出す。
2．「先生、すみませんがコピー機の
　使い方を教えていただけませんか」
　と声をかける。
3．「どうしよう、どうしよう」とつぶ
　やく。

正解は…
2．「先生、すみませんがコピー機の
使い方を教えていただけませんか」
と声をかける。

相手と自分の関係や、相手の気持ちを考えて頼みごとを
しましょう。

まとめ

・困ったことがあった時、黙っていても問題は解決しません。
・相手の気持ちを考えて、自分から頼んだり断ったりすることが大切です。
→それでは、上手な頼み方・断り方について一緒に考えてみましょう！！

教材資料 3-6 モデリング

ケース１：英語の教科書を忘れてしまったので，隣のクラスの友だちに借りたい。

（×乱暴な言い方のモデリング）

Ａさん 「教科書貸してよ！」

Ｂさん 「え……？」

Ａさん 「時間ないから，はやく貸してよ！　教科書！」

Ｂさん 「う，うん」

（×頼めないモデリング）

Ｃさん 「（声小さい）どうしよう……教科書忘れちゃった，もうダメだ……。
あーあ……もう，どうしよう，どうしよう……。
なんでいつも忘れるかなあー，だめだなあ，あーあ……」

Ｄさん 「えっと，どうしたの？」

Ｃさん 「先生に怒られる，あー！！！！！」

Ｄさん 「とりあえず落ち着こう……」

（〇適切なモデリング）

Ｅさん 「ごめんね，今大丈夫？」

Ｆさん 「うん！　どうしたの？」

Ｅさん 「英語の教科書忘れちゃったんだけど，もし良かったら貸してくれないかな？
２時間目終わったら，すぐ返しに行くから！」

Ｆさん 「うん，分かった！　はい，どうぞ！」

Ｅさん 「ありがとね！　ほんと助かります！」

ケース２：グループのリーダーを頼みたい。

（×乱暴な言い方のモデリング）

Ａさん 「私，Ｂさんがリーダーがいいと思う。Ｂさん，やりなよ！」

Ｂさん 「いや，私は無理だよ。」

Ａさん 「そうやって何でも断るのよくないよ。絶対やるべきだよ！」

Ｂさん 「そんなこと言われても……」

（×頼めないモデリング）

Ｃさん 「私，Ｄさんが，リーダーとかに，なればいいと思うんだけどな……」

Ｄさん 「え？　今なんて言ったの？」

Ｃさん 「いや，リーダーがね……Ｄさんが……」

Ｄさん 「Ｃさんがリーダーになりたいの？」

（〇適切なモデリング）

Ｅさん 「私，Ｆさんがリーダーになるといいと思うよ。」

Ｆさん 「いや，私なんか無理だよ」

Ｅさん 「そんなことないよ。いつも真面目で頼りになるもの。私は書記をやって手助
けするから，Ｆさん，リーダーになってくれないかなあ？」

Ｆさん 「それじゃあ，今回はやってみようかな」

教材資料 3-7　　頼みごとのロールプレイの設定例

◎携帯電話をなくしてしまったので，探すのを手伝ってほしい。
　（単に携帯電話を探してほしい，というのではなく，どのような方法で，どの場所を探し
　てほしいのかなど，具体的に伝えることがポイント）
◎数学の問題の解き方を教えてほしい。
　（断られた場合は他に都合が良い日時を尋ねるなど代案を伝えられるかどうかがポイント）
◎テニスの試合が近いので朝の自主練習に付きあってほしい。
◎映画に誘われたが，前に見たことがある作品なので断りたい。

配布物 3-5　　上手な頼み方のポイント

上手な頼み方のポイント

①クッション言葉を使う ── すみませんが……
　→相手を思いやる前置きの言葉があると，印象が良くなります。

> ★クッション言葉の例
> 「○○さん　今大丈夫かな」「あのさ，もし良かったら……」
> 「お忙しいところすみません……」「ごめんね……」「申し訳ないのですが……」

②具体的に自分の状況説明・理由，結論を伝える ── ～なので，……してくれませんか？
～なので，……できません。
　→理由や内容をはっきり言うことで，相手に伝わりやすくなります。

③お礼と代案を伝える ── ありがとう！
　→頼みを聞いてくれた時には，感謝の気持ちを伝えましょう！
　→もしも断られてしまった場合は，相手の立場に立って他の案を提案してみましょう！

頼む時の態度も大事！
　①相手の目を見て言う
　②相手に聞こえる声で言う
　③丁寧な言葉を使う

4 ▶ スケジュール管理

　期日までに，提出物が提出できない。さらに，夏休みのような長い休み明けになると，よけいに提出できない生徒がいる。提出できない理由はいくつかあるだろう。やっていたけれどうっかり持ってくるのを忘れたということならばまだよいが，やらなければならないことをやらずに提出できるものがない，という場合もあるだろう。予定を立ててスケジュールを管理することは，中高生だけではなく，社会人になってもとても重要なスキルである。ここでは，スケジュール管理について考え，具体的な方法を理解してもらうプログラムを紹介する。

> **こんな子いませんか？** **無計画に過ごしてしまうＡくん**
>
> 　Ａくんは，夏休み前に宿題が出たことを知っていた。しかし，夏の予定を考えているうちに，夏休みに突入。すると宿題の存在を忘れてしまっていた。夏休み最後の１週間になり，「あ，宿題があったなあ」と急に不安になった。友だちに聞き，残りの期間ではやりきれないと気付いた。「やれやれ，俺はいつもこんなふうなんだ，どうせ俺は何でもうまくやることができないんだ」と思い２学期の始業式の日，学校を休んでしまった。

スケジュール管理①

1 目標
・予定の種類を知り，無理のない計画の立て方を理解する。
・一日に可能な勉強（宿題）時間を考えることができる。

	活動	配慮事項・教材
テーマの教示 10分	●テーマとその意義の確認 ・夏休みを例に，スケジュール管理について学ぶことを伝える。 ・テーマの意義を参加生徒の日常生活に即して伝える。 ●予定を分類する ①やらなければいけない予定，②自分がやりたい予定，③半日埋まる予定，④全日埋まる予定 ・「夏休みの計画」ワークシート①を記入する。	 配布物 4-1
モデリング 15分	●悪いモデルの提示 ①無理な計画を立てた場合のモデルを示す。 ●良いモデルの提示 ②無理なく予定を埋め，勉強時間も確保したよいモデルを示す。	教材資料 4-1 パワーポイントなどで予定を提示し，説明をする。
ロールプレイ・フィードバック 15分	●夏休みの勉強時間の目安と1日の勉強時間を検討 　授業例 4-1 ・「夏休みの計画」ワークシート②を記入する。 　(1)勉強時間の目安　(2)1日の勉強時間 ・3～4人のグループで，各自が考えた目標と勉強時間を発表，意見交換。 ・話し合った内容を踏まえ，「夏休みの計画」ワークシート②を改善する。	配布物 4-2
まとめ 10分	●まとめ ・自分の「やらなければいけない予定」と「やりたい予定」を整理する。 ・予定や計画を立てる際には，無理のない実行可能なものを立てる。	「予定の分類」にもう一度触れる

※この回は「スキルの教示」は行わない。

2　準備する物　「夏休みの計画」ワークシート①②　〈配布物4-1, 4-2〉

3　留意点

　見通しをもつことが難しく，無理のない計画を立てられない生徒がいる。また無理な計画が実行できない経験は，一層見通しをもつことを難しくする。実現可能な計画の立て方を理解する。

教師の教示例	板書例
「毎年，夏休みはどのように過ごしていますか。長期の休みには，いろんなことを実行できますね。楽しいこともある半面嫌なこともありますね。部活動もあります。宿題も出ますよね。そのような課題をどうやって処理していますか。今回はスケジュール管理の仕方を学習します」	夏休み 楽しいこと，嫌なこと ・旅行 ・部活動 ・課題・宿題
「さて，夏休み中にどのような予定があるか整理します。それらを，こんなふうに（板書を指して）分けたいと思います」 「では，夏休みの計画をワークシート①に記入しましょう」	予定の分類 ①やらなければいけない予定 ②自分がやりたい予定 ③半日埋まる予定 ④全日埋まる予定
「夏休みの予定を発表してもらいます。達成可能な計画かどうかに注目して聞いていてください」 「この予定のどこが問題でしょうか。考えてみてください。分かったら，発言してくれますか」 （意見が出なければ具体的に示して問う）「ゲームの時間はどうですか」「食事時間はどうですか」	悪いモデル 良いモデル ※生徒の意見を板書する。
「さて，この予定は，どうでしょうか。気が付いたことを発言してください」	
「次に夏休みの計画ワークシート②を記入しましょう。夏休みの勉強時間の目安を決めてください」 「記入し終わったら，グループで，各自が考えた目標と勉強時間を発表し，意見交換を行ってください。話し合った内容を踏まえ，夏休みの計画ワークシートを改善しましょう」 「各グループの話し合いが終わったようなので，どのような意見が出たか，リーダーに発表してもらいます」	「夏休みの計画」ワークシート②の記入 各グループのリーダーが発表 (1)　勉強時間の目安 (2)　1日の勉強時間 ※各グループから出た意見を列挙していく。
「今日は，スケジュール管理の手始めとして，自分の『やらなければいけない予定』と『やりたい予定』を整理しました。予定や計画を立てる際には，無理のない，実行可能なものを立てることが重要です。今回の内容を踏まえて，次は，実際の長期的なスケジュールを立ててみましょう」	やらなければいけない予定 やりたい予定 計画は，無理なく，実行可能であることが重要。

教材資料 4-1　悪い計画・良い計画の例

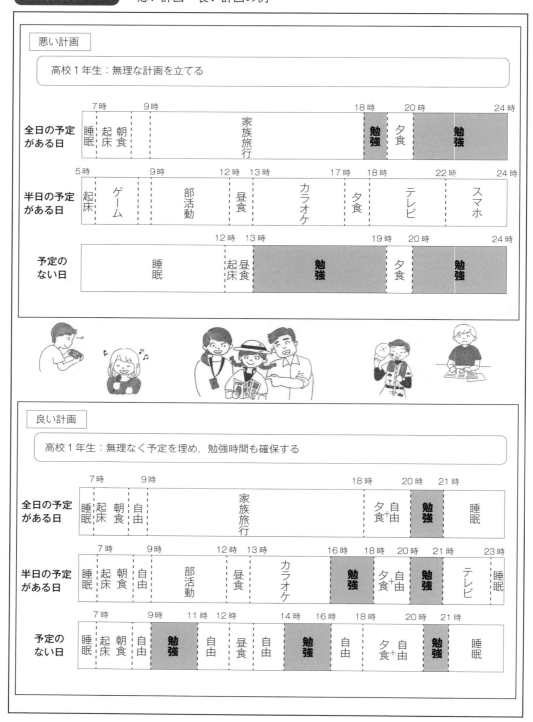

悪い計画

高校1年生：無理な計画を立てる

	7時	9時			18時	20時	24時
全日の予定がある日	睡眠 起床 朝食		家族旅行		勉強	夕食	勉強

	5時	9時	12時 13時	17時 18時	22時	24時
半日の予定がある日	起床 ゲーム	部活動	昼食	カラオケ 夕食	テレビ	スマホ

	12時 13時	19時 20時	24時
予定のない日	睡眠 起床 昼食	勉強 夕食	勉強

良い計画

高校1年生：無理なく予定を埋め，勉強時間も確保する

	7時	9時		18時	20時 21時	
全日の予定がある日	睡眠 起床 朝食 自由		家族旅行	夕食+自由	勉強	睡眠

	7時	9時	12時 13時	16時 18時	20時 21時	23時
半日の予定がある日	睡眠 起床 朝食 自由	部活動	昼食 カラオケ	勉強	夕食+自由 勉強	テレビ 睡眠

	7時	9時	11時 12時	14時 16時	18時	20時 21時
予定のない日	睡眠 起床 朝食 自由	勉強	自由 昼食 自由	勉強	自由	夕食+自由 勉強 睡眠

配布物 4-1　　「夏休みの計画」ワークシート①

「夏休みの計画」ワークシート①　　　　　年　　月　　日

氏名＿＿＿＿＿＿＿＿

1．やらなければいけないこと，やりたいこと

　自分の夏休みの生活を考えた時に，やらなければいけないこと・やりたいことを，かかる時間が短い予定・長い予定に分けて，下の表に記入しましょう。

	やらなければいけない予定	自分がやりたい予定
半日の予定 （6時間以内の短い予定）	例）部活動	例）読書
全日の予定 （6時間以上かかる長い予定）	例）家族旅行	例）好きな歌手のライブに行く

配布物 4-2　　「夏休みの計画」ワークシート②

「夏休みの計画」ワークシート②　　　　年　　月　　日

氏名＿＿＿＿＿＿＿

1．勉強時間の目安を決めよう

　私の夏休みの勉強／宿題をやるのに，およそ［　　　　　　　］時間必要です。

2．勉強時間を考えよう

　全日予定が入っている日，半日の予定が入っている日，何も予定が入っていない日に，それぞれどれくらい勉強できるか考えてみよう。

	6時	8時	10時	12時	14時	16時	18時	20時	22時	0時
全日の予定がある日										
半日の予定がある日										
予定のない日										

授業例 4-1　　勉強計画を話し合う

① 「夏休みの計画」ワークシート②を記入する

② グループ内で，各自が考えた目標と勉強時間を発表し，意見交換を行う。

③話し合った内容を踏まえ，「夏休みの計画」ワークシート②を改善する。

スケジュール管理②

1 目標
・課題（宿題）を夏休み中に終わらせるためのスケジュールを立てる。

		活動	配慮事項・教材
テーマの教示5分		●テーマとその意義の確認 ・夏休みの宿題を計画的にやっていくためにどうすればよいかを学ぶ。 ・テーマの意義を参加生徒の日常生活に即して伝える。	
モデリング15分		●悪いモデルの提示 ・無理な夏休みの計画を立てる。	教材資料 4-2 パワーポイントなどで予定を提示。
スキルの教示10分		●計画を立てる際の3つのポイントを整理する ①やらなければいけない予定：余裕をもって計画 ②予備日を考えておく。 ③勉強などを集中させすぎない，バランス良く計画を立てる。	
ロールプレイ・フィードバック15分		●夏休みの計画を検討 授業例 4-2 ・「夏休みの予定」ワークシートを作成する。 ・3～4人のグループ内で計画を話し合い，意見交換し，話し合いを踏まえて「夏休みの予定」ワークシートを改善する。	配布物 4-3 ワークシートと付箋を全員へ配布。 事前に分かる範囲で，旅行や部活等の予定を調べ，把握してくるよう伝えておく。
まとめ5分		●まとめ ・自分の「やらなければいけない予定」と「やりたい予定」を整理する。 ・予定や計画を立てる際には，無理のない実行可能なものを立てる。	

2　準備する物　「夏休みの予定」ワークシート〈配布物4-3〉，付箋（黄色・水色・赤色・白色など）4種類

3　留意点

予定の種類を整理し，目に見える形でスケジュールすることで，無理なく実行可能な予定を立てる。

教師の教示例	板書例
「夏休みの課題（宿題）で困ったことはありませんか。前回は，やらなければいけない予定とやりたい予定を整理しましたね。宿題などは，やらなければいけない予定として考えなければなりませんね。さて，今回は，実際に夏休みの計画を立ててみましょう」	スケジュール管理 長期の休み ・やらなければいけない予定 ・やりたい予定
「まずは，悪いモデルの計画表を見てみましょう」 「さて，このモデルでは，どのようなところが問題なのでしょうか」 「どうですか，何か意見ありませんか」	※生徒の意見を板書する。
「計画を立てる際の3つのポイントについて確認します。まず，余裕をもって計画を立てることです。また，想定していなかった予定が入ることもあるため，予備日を考えておきます。そして，勉強などを集中させすぎると実現できない可能性があるため，バランス良く計画を立てることです」	計画を立てる際の3つのポイント ・余裕のある計画 ・予備日を作る ・過度に集中させない，バランスをとる
「では，『夏休みの予定』ワークシートを作成しましょう。(1) やらなければいけない予定（全日）を黄色の付箋，(2) やらなければいけない予定（半日）を水色の付箋，(3) やりたい予定（全日）を赤色の付箋，(4) やりたい予定（半日）を白色の付箋にそれぞれ全て書き出します」 「終わったら，(5)『夏休みの予定』ワークシートに (1)〜(4) の全ての付箋を貼り，予定を埋めてみます。また，(6) 宿題（勉強）できる時間を，ワークシートに書き込んでください」 「自分の作業が終わったら，グループ内で各自の計画を話し合い，意見交換を行います。その話し合いを踏まえて自分の『夏休みの予定』ワークシートを改善してみてください」	「夏休みの予定」ワークシート （黒板に大きなものを貼るか，パワーポイント等で作成したものを前に提示） 分かっているものは？ ・旅行 ・部活動 ・塾 ・友だちとの約束 ・娯楽
「前回に続けて長期の休みのスケジュール管理を考えました。どのようなことが重要だったでしょうか」 「そうですね，大きく『やらなければいけない予定』と『やりたい予定』に分けて考えることが大事ですね。そして，予定や計画を立てる際には，3つのポイントを思い出し，無理のない実行可能なものを立ててくださいね」	スケジュール管理 ・やらなければいけない予定 ・やりたい予定 ・実行可能性は？

教材資料 4-2　　予定の立て方の悪い計画の例

悪い計画

> 高校１年生：夏休み最後にまとめて勉強時間を確保しようとする
> 状況：全ての宿題を終わらせるためには，およそ 50 時間必要。月・水は部活動。木は塾。

日	月	火	水	木	金	土
７月26日	27 部活動	28	29 部活動	30 塾	31 遊ぶ	８月１日
2 家族旅行	3	4	5	6	7	8
9	10 部活動	11	12 部活動	13	14	15 買い物
16	17 部活動	18	19 部活動	20 塾	21	22 映画
23	24 部活動 勉強６時間	25 勉強６時間	26 部活動 勉強６時間	27 塾 勉強６時間	28 勉強６時間	29 勉強６時間
30 勉強６時間	31 勉強６時間					

配布物 4-3　　「夏休みの予定」ワークシート

氏名

> 高校　年生：
> 状況：

夏休みの目標	全日かかる	半日かかる
やらなければいけない予定		
やりたい予定		

日	月	火	水	木	金	土
７月26日	27	28	29	30	31	８月１日
2	3	4	5	6	7	8
9	10	11	12	13	14	15
16	17	18	19	20	21	22
23	24	25	26	27	28	29
30	31					

※カレンダーは実施するときに合わせて曜日等を変更して配る。

授業例 4-2　　夏休みの目標と1日の勉強時間を検討

①夏休みの予定を付箋に書き出す

部活動は毎週水曜日で……
8月3日～8日の6日間は
家族旅行……。

②「夏休みの予定」ワークシートに，付箋
を貼り計画を埋める

勉強は予定のない日に一気
にやろうかなぁ……。

全日予定のある日は勉強で
きるかなぁ……。

③各自が作成した「夏休みの予定」ワークシートをグル
ープ内で話し合い，意見交換する。

予定のない日は毎日10時間
勉強します。

10時間は大変だから減らし
た方が……。

④「夏休みの予定」ワークシートを改善する。

10時間は大変だから
他の日の勉強時間を
少し増やして……。

5 他者との適切な距離

　中高生は，自分が何者かを考える時期であるため，他者に対してもことさら興味を抱く。そして，目上の人や同級生に対して，どのような言葉遣いをしたらよいのかを学び，適切な関わり方を身に付けてほしい時期でもある。なぜなら学校生活では，言葉遣いを誤って窮地に立たされることは少ないかもしれないが，他人との物理的距離や社会的距離感を学習して，社会に出ることが望ましいからである。話す相手によって，どれくらいの物理的な距離を取るべきなのかも考えなければならないし，言葉遣いや話す内容も気遣わないといけない。ここでは，他者との適切な距離について身に付けるプログラムを取り上げる。

こんな子いませんか？　　他者との適切な距離が取れないＡくん

　Ａくんは，学力が高く，学校の教師に気軽に声をかけてくる。昨年度まで担任だったＢ先生が，女性のＣ先生と話しているのを見かけ，「Ｂ先生，おはようございます！」と二人の間に割って入り，話し始めた。さらに，Ａくんは初対面のＣ先生に近づいて「新しくこの学校に来た先生ですか。体重何キロですか。随分太っていますね」と言った。Ｂ先生が「Ａくん，話に突然割って入るのは失礼だし，女性に聞いてはいけないこともあることを忘れないでくださいね」と話すと，Ａくんは「女性に聞いてはいけないことってなんですか。習った覚えがありません」と言った。

他者との適切な距離感

1　目標
・同性，異性との適切な距離を理解する。
・パーソナルスペースについて知り，相手によって適切な距離が異なることを理解する。

	活動	配慮事項・教材
テーマの教示 5分	●テーマとその意義の確認 ・他者と関わる上で大切な，適切な距離感について学ぶことを確認する。 ・テーマの意義を参加生徒の日常生活に即して伝える。 ・同性と異性に分けて考えることを伝える。	
モデリング 15分	●悪いモデルの提示（同性・異性） 授業例 5-1 ・悪いモデルを示し，他者とどのくらいの距離を取ることが適切かを考える。 ①同性の友だち（男性同士・女性同士）：いきなり肩を組む，ボディタッチをしながら話をする　など。 ②異性の友だち：初めは適度な距離を置くが，会話をするうちに距離が近くなり，男性が女性にボディタッチする　など。	モデルの注目すべきポイントを伝える。 モデルにどのように感じたか話してもらうようにする。
スキルの教示 10分	●適切な距離のポイントを確認する ・同性と異性それぞれの場合の適切な距離について確認する。 ・自分は良いと思っても，相手は嫌な気持ちになる距離があることを知る。	適切な距離は「腕一本分」など具体的な基準で示すようにする。「相手」の気持ちにも配慮が必要なことを伝える。
ロールプレイ・フィードバック 15分	●適切な距離について話し合う ・「他者との距離」ワークシートに沿ってグループごとに，適切な距離を確認し，話し合う。 ・①異性，②家族や初対面の人の2つに分けて，距離を確認したり，話し合う。	配布物 5-1 話し合うだけでなく，腕一本分はどのくらいの距離かなど，実際に体験するよう促す。
まとめ 5分	●適切な距離について確認する ・他人との適切な距離感を意識する大切さを伝える。 ・「パーソナルスペース」についても伝える。	

2　準備する物　「他者との距離」ワークシート〈配布物5-1〉

3　留意点

　他者視点や他者感情の理解が難しい生徒もいるが，相手がどのように感じるかを考え，適切な距離を取って接することの重要性を伝える。

教師の教示例	板書例
「皆さんは，これまで他者と関わる上で，相手との距離感で迷ったり，困ったりしたことがありますか。今日は，同性の友だちや異性のクラスメイトとの距離のとり方について学んでいきたいと思います」	他者との適切な距離感
「それでは，まず同性の友だちが会話しているモデルを見てみましょう。そして，相手がどのように思うか，考えてみてください」 「今のモデルは，どこが悪かったでしょう。近づかれた人はどのように思ったでしょう。同性の友だちならどれくらいの距離で接するのが適切と思いますか」 「モデルの人に，どのように感じたか聞いてみましょう」 「次に，異性の友だちと会話しているモデルを見てみましょう。そして女性がどのように思うか考えてみてください。」 「女性役の人に，どのように感じたか聞いてみましょう」	同性の友だちの場合 ・距離は？ ※生徒の発言を列挙する。 ・具体的には？ 異性の友だちの場合 ・距離は？ ・具体的には？
「同性の場合は，仲の良い友だちでも腕一本分の距離を取ることが適切です。異性の場合はどうでしょう」 「また，人にはこれ以上近づいてほしくないと感じる距離『パーソナルスペース』があります。パーソナルスペースは人によって違うため自分が良いと思っても，相手が嫌な気持ちになることがあります。つまり相手の気持ちを意識しておかないといけませんね」	パーソナルスペース 同性との距離 　→腕一本 異性との距離 　→？
「『他者との距離』ワークシートについてグループで考えてみましょう。①異性との適切な距離，②家族や初対面の人との距離について，グループ内で実際に距離を取って，互いに不快に感じない距離を確認しましょう。話し合ったことは，後ほどリーダーに発表してもらいます」 「異性ですと，腕一本半分くらいは距離が必要という意見が多いようでした。家族の場合は距離が近く，初対面の人だと遠くなるという意見もありました。相手との関係性によって，距離の取り方に違いができそうです」	※グループの意見を板書。
「今回は他者との距離感を学びました。最後に授業の途中で紹介した『パーソナルスペース』を解説します。パーソナルスペースとは，他者に入ってこられると不快に感じるスペースのことです。一般に同性なら腕一本分，異性なら腕一本半分が適切な距離と先ほど説明しましたが，相手との関係や各自のパーソナルスペースの広さ・狭さによっても変わります。パーソナルスペースは皆それぞれに違うので，相手の思いも考えるようにしてください」	パーソナルスペース ・他者に入られると「不快」に感じるスペース ・人によって異なる →一般的には 　同性の場合「腕一本」 　異性の場合「腕一本半」

配布物 5-1 　　「他者との距離」ワークシート

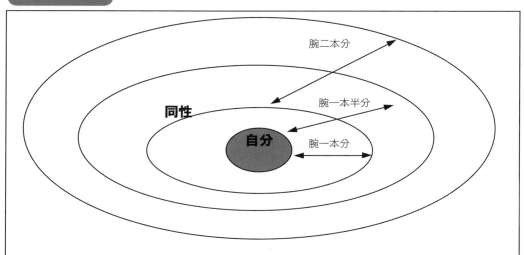

1. 「異性」との適切な距離とその理由をグループで話し合いましょう。
（理由）

2. グループ内で実際に異性と向かい合い，互いに不快に感じない距離を確認しましょう（確認した結果を上の図に「異性」として記入する）。

3. 「家族」「初対面の人」との適切な距離とその理由をグループで話し合いましょう（上の図に「家族」「初対面の人」と記入する）。

家族（理由）

初対面の人（理由）

授業例 5-1　他者との距離について話し合い

①クラス全体で悪いモデルを示す

②グループに分かれて，適切な距離感について話し合う

③話し合った内容を踏まえてグループ内で実際に距離を取って確認する

これくらいの距離かな？

いいと思う！

④リーダーが話し合ったことを全体の前で発表する

目上の人との接し方

1　目標

・話す時に相手と適切な距離を保つことができる。

・目上の人（会社の上司・学校の先生等）に対して丁寧な言葉遣いで話すことができる。

	活動	配慮事項・教材
テーマの教示5分	●今日のテーマの確認 ・社会生活において必要なコミュニケーションスキルとして，目上の人と接する時の①相手との距離と，②話し方について学ぶことを確認する。	
モデリング15分	●モデルの提示 ・目上の人と話す場面の悪いモデルと良いモデルを示し，相手との距離や言葉遣いについて気付いたことをあげる。 　悪いモデル：話す距離を近くと遠くに変える。 　良いモデル：話す距離を近くと遠くに変える。 ・グループで，適切な距離や言葉遣いについて話し合う。	教材資料 5-1
スキルの教示10分	●目上の人と話す時のポイントを確認する ・目上の人への話し方のポイント３点を提示する。	教材資料 5-2
ロールプレイ・フィードバック15分	●目上の人と話すロールプレイをする ・学校の先生や先輩など，目上の人と話すロールプレイをする。	配布物 5-2 配布物 5-3 生徒の年齢等を考慮して場面を設定する。
まとめ5分	●全体でまとめをする ・目上の人と接する時の，相手との距離や話し方について確認する。	

2　準備する物　タブレット端末，目上の人と話す〈配布物5-2〉，ワークシート〈配布物5-3〉

3　留意点

　ロールプレイを通して目上の人との適切な距離と話し方（言葉遣い，態度）に気付いてもらう。

教師の教示例	板書例
「今日は学校の先生や先輩，会社なら上司など，目上の人と話をする場面での対人距離と話し方について，学習しましょう」	目上の人と接する ①人との距離 ②言葉遣い
「それではモデルを４つ見せますね。話す距離と話し方に注目してください」 「さあ，今のモデルの距離感と話し方はどうでしたか。気付いた点を発表してください」（４つのモデルについて繰り返す） 「では実際にどの程度の距離を取ればよいのか，グループで話し合いましょう。終わったら，同性の友人，異性のクラスメイト，上司（先輩）と接する場合についても，話し合ってみてください」	モデル 1回目 2回目 3回目 4回目 ※出た意見は板書する。
「相手との距離は，前回の授業で学びました。相手によって異なりますが，同性なら腕一本分くらい，先生など目上の人なら腕二本くらいが適切でしたね」 「話し方も重要です。目上の人と話す時は，①前置きの言葉を使う，②丁寧な言葉遣いで話す，③お礼や挨拶を言うの３点を意識しましょう」	相手との距離 ・同性の友人―腕一本 ・異性のクラスメイト―腕一本半 ・先生―腕二本 話し方 ①前置きの言葉を使う ②丁寧な言葉遣いで話す ③お礼や挨拶を言う
「それでは，目上の人と話す場面を実際に体験してみましょう。先ほどモデルで確認した，相手との距離や話し方の３つのポイントを意識してやってみてください」 「まずは３人１組になり，生徒役と先生役，録画する役を決めます。後で一緒に振り返れるようにタブレット端末でロールプレイの様子を録画します。一回ロールプレイが終わったら役割を交代してロールプレイを行ってください」 「ロールプレイが全て終わったら，タブレット端末の動画を３人で見て，話し方の３つのポイントはできていたか，距離は適切か，確認しましょう。そして，その感想や気付きをワークシートに記入します」	ロールプレイ 場面 動画を見ながらワークシートに記入
「今回は，目上の人と話す場面を取り上げました。距離感や話し方など，今日勉強したことを生活の中でぜひ生かしてください」	

教材資料 5-1　目上の人と話す時のモデル

　　あなたは高校１年生です。数学のプリントがちゃんと先生に提出できているか分からない
状況です。このプリントが提出されていないと成績に影響があるので先生に確認を取りたい
と考えています。

≪悪いモデル≫
ため口で聞いてしまう（①近い距離・②遠い距離で行う）
生徒：B先生！
先生：Aさん，どうしたの？
生徒：この前の数学のプリント，ちゃんと提出できてる？　特にBちゃんから言われてない
　　　から，よく分かんなくて。
先生：ちゃんと受け取ってるよ。
生徒：なら，よかった，じゃあねー！

≪良いモデル≫（①近い距離・②遠い距離で行う）
生徒：すみません，B先生。少しお時間良いですか？
先生：いいよ，Aさん，どうしたの？
生徒：この前の数学のプリントちゃんと提出できていますか？
先生：ちゃんと受け取ってるよ。
生徒：そうですか，ありがとうございます。では，失礼します。

教材資料 5-2 相手との距離と話し方

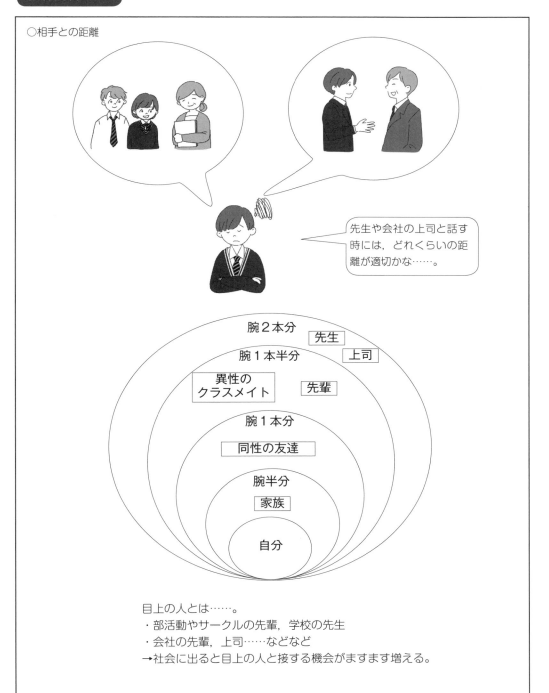

○相手との距離

先生や会社の上司と話す時には，どれくらいの距離が適切かな……。

腕2本分 先生
腕1本半分 上司
異性のクラスメイト 先輩
腕1本分
同性の友達
腕半分
家族
自分

目上の人とは……。
・部活動やサークルの先輩，学校の先生
・会社の先輩，上司……などなど
→社会に出ると目上の人と接する機会がますます増える。

目上の人との話し方のポイント

①　<u>前置きの言葉を言う。</u>

（失礼かもしれないですけど，申し訳ないですけど，

失礼します，お忙しいところ失礼します。

すみません，失礼します。等）

②　<u>丁寧な言葉で話す。</u>

（です・ます。適切な敬語）

③　<u>お礼や挨拶を言う。</u>

（ありがとうございました。失礼します。）

　　この３つのポイントをふまえて実際にやってみよう！

配布物 5-2　　目上の人と話す

ロールプレイ
　あなたは高校１年生で文化祭の実行委員です。
　文化祭のクラスの出し物で 6/18 と 6/19 の２日間，体育館を借りることになりました。体育館を借りるには，先生に体育館の使用許可をもらわなければいけません。あなたなら先生にどう話しかけますか。
　先生のところに行って話すつもりで実際にやってみましょう！

配布物 5-3　　ワークシート

動画を見て振り返ろう！　　　　　　　　　　　氏名　　　　　　　

※はい・いいえのどちらかに○を付けよう。

①前置きの言葉（すみません）が言えた。　　　（はい　・　いいえ）

②丁寧語（です・ます）敬語で話すことができた。（はい　・　いいえ）

③お礼や挨拶（ありがとうございました，失礼します）の言葉が言えた。
　　　　　　　　　　　　　　　　　　　　（はい　・　いいえ）

④やってみた感想

※３人１組で行うので，必要な枚数配布する。

他者との関わり方

1 目標
・相手や場面に合わせた言葉遣い，話題の選定をすることができる。
・相手と自分の関係，状況など様々な要因を考慮して，どう行動すべきか考えることができる。

	活動	配慮事項・教材
テーマの教示5分	●テーマとその意義の確認 ・学校の友だち，先輩，先生など他の人と関わる時に特に気を付けていることを確認する。	テーマの意義を参加生徒の日常生活に即して伝える。
モデリング15分	●悪いモデルの提示（後輩，先輩） ・先輩に対してタメ口で話す，自分の趣味の話を一方的にするモデルを示し，問題点をあげる。	教材資料5-3 モデルの注目すべきポイントを伝える。
スキルの教示10分	●他者と関わる際のポイント①〜③を確認し話し合う ・他者と関わる時考えたい3つのポイントを確認し，どうすべきか考える。	相手との関係，相手と自分との気持ちから，相手が不快にならない接し方を考えさせる。
	●良いモデルから関わり方のポイントを学ぶ ・先輩に対して敬語で，相手の反応を見ながら話題を選ぶ良いモデルを提示し，関わり方のポイントを確認する。	教材資料5-3
ロールプレイ・フィードバック15分	●他者との関わり方について話し合い　授業例5-2 ・悪い例を2つ提示し，グループごとに話し合いを行い，「人との関わり方」ワークシートに記入する。	配布物5-4 参加生徒の実態に応じて，取り上げる場面は変更する。
まとめ5分	●まとめ ・状況に応じて，相手が不快にならない接し方を考える。	

2　準備する物　「人との関わり方」ワークシート〈配布物5-4〉

3　留意点

　他者視点に立てない生徒は一方的に自分の話をしてしまう。他者と関わる際に，自分だけでなく相手の気持ちや状況を考えて，行動することを伝える。

教師の教示例	板書例
「他者との関わり方について学んでいきたいと思います。学校の友だち，先輩，先生など他の人と関わる時に，気を付けていることはありますか」 「意識していなくても，実はいろいろと気を付けていることがあると思います」	他者との関わり方 ・どのようなことに気を付けるか
「それでは，まず先輩と話す時のモデルを見てみましょう。後輩の話し方，話題などに注目して見てください」 「さて，今のモデルの後輩の行動は，どこが問題でしょうか。後輩はどのような気持ちで話していたでしょうか。また聞いていた先輩はどのような気持ちだったでしょうか」 「後輩は自分の趣味の話をしたいと思っています。では，相手の気持ちはどうでしょうか。先輩は興味のない話題を一方的に話されて怒ってましたね。さらに後輩なのにタメ口で話していることにも嫌な気持ちになっていました」 「では，先輩が不快にならないために後輩はどうしたらよいでしょうか」	板書例 5-1
「他者と関わる際には①相手との関係，②自分の気持ち，そして③相手の気持ちを考え，相手が不快にならない関わり方をする必要があります。その３つをどのように生かしていけばよいでしょうか」	
「それでは，今のポイントを踏まえてもう一つモデルを見てもらいます」 「さあ，今のモデルでは先ほど挙げた言葉遣い・話題はどうでしたか」	板書例 5-1 を参考に良いモデルのポイントを整理する。
「それでは，例を２つ提示します。相手との関係，自分の気持ち，相手の気持ちから，どうすべきか考えてみましょう」 「今，提示した２つのモデルについて，各グループで話し合い，『人との関わり方』ワークシートに記入してください。話し合いが終わったらグループ内で適切な関わり方をやってみましょう。最後にリーダーに発表をしてもらいます」	
「本日は，人との関わり方について学習しました。話す相手や状況に応じて，相手が不快にならない接し方をしなければなりませんね」 「自分の関心，興味のあることだけを一方的に話すのではなく相手の関心や興味に合わせることもコミュニケーションをする上では大切です」	まとめ ・状況に応じて，相手が不快にならない接し方を考える。

教材資料 5-3　モデルの台詞

悪いモデル

> 後輩（A）：先輩に対してタメロで話す，自分の趣味の話を一方的にする
> 先輩（B）：最初は困った表情だが，次第に怒った表情になる

A：先輩！　先輩は昨日，何してた？　オレは昨日，一日
　　電車に乗ってたくさん写真撮ってきたんだよね。これ
　　見てよ。良く撮れてるでしょ？

B：（困った表情で）あんまり電車には興味ないんだよね。

A：えー，なんで？　なんであの良さが分からないの？
　　じゃあ今度，先輩も鉄道博物館行こうよ。そうしよう！
　　そうしたらきっと鉄道の良さが分かるはずだ。あ，そ
　　う言えば，昨日新しいマンガ買ったんだけど，これが
　　面白くてさ。先輩もう読んだ？　あの作家の他のマン
　　ガも面白いよね。こないだテレビでやってるのも見て
　　さ。あ，でもやっぱりアニメより漫画の方が面白いよ
　　ね！

B：……（怒った表情で）

A：ねえ，話聞いてる？

良いモデル

> 後輩（A）：先輩に対して敬語で話す，互いに興味のもてる話題をする
> 先輩（B）：興味のもてる話題で話をする

A：先輩！　オレ昨日，一日電車に乗ってたくさん写真撮ってきたんですよ。これ良く撮れ
　　たんですけど，どうです？

B：あんまり電車には興味ないんだよね。

A：そうなんです。先輩は，昨日何してましたか？

B：昨日は○○ってマンガをずっと読んでたな。

A：それ，オレも好きなんですよね！　面白いですよね。あ
　　の作家の他のマンガも読みましたか？　△△も持ってい
　　ますよ。

B：それは，読んだことないな。今度貸してくれる？

A：いいですよ，是非読んでください。

授業例 5-2　　他者との関わり方についての話し合い

①悪い例を提示する

（場面1：異性のクラスメイトに連絡先を聞く，遊びに行こうとしつこく誘う）

（場面2：予約していたゲームを買えず，文句を言う）

②グループごとに，適切な関わり方について話し合い，「人との関わり方」シートに記入する

③話し合った内容をふまえてグループ内で適切な関わり方を実際にやってみる

④グループのリーダーが全体の前で発表する

配布物 5-4 「人との関わり方」ワークシート

状況1
あまり親しくない異性のクラスメイトに，仲よくなりたいと思い，LINE の交換や，2人で遊びに行こうとしつこく誘う。相手はとても困った表情をしている。

①相手の関係は？…どんな関係？　親しさ（とても，普通，あまり，全く）は？　性別は？
②自分の状況は？（どうしたかったのか？）
③相手の気持ちは？（LINE の交換や遊びに行こうとしつこく誘われどう思ったか？）
④どうすべきだったか？　その理由は？

状況2
予約していたゲームを買いに行くが，店員の手違いで予約できておらず買うことができなかった。今日，すぐにゲームをやりたいと思い，店員に文句を言い，何とかするよう求める。

①相手の関係は？…どんな関係？　親しさ（とても，普通，あまり，全く）
②自分の状況は？（自分はどうしたかったのか？）
③相手の状況は？
④相手の気持ちは？（何とかするように言われ，どう思ったか？）
⑤どうすべきか？　その理由は？

板書例 5-1

〈モデルで考える〉
　①相手との関係：先輩と後輩
　②自分の気持ち（状況）：自分の趣味（好きなこと）の話をしたい
　③相手の気持ち（状況）：タメ口，興味のない話題に怒っている
　　　⇓　相手を不快にさせないためにはどうすべきか？
　・先輩など目上の人と話す場合は，敬語を使う
　・自分が好きなことだけでなく，相手が分かる，興味をもてる内容を話す

6 異性との適切な距離の取り方

　中高生は，異性に強く興味をもち，一緒に話をしたい，近づきたいと思うなどの感情も芽生えてくる。これ自体はとても自然なことである。しかし，異性への話しかけ方や近づき方には，特に気を付けなければならないルールがあり，それを意識しなければ，嫌われてしまう。また相手の了解を得ないで近づきすぎて身体に接触するのは，違法なことでもある。ここでは，異性との適切な距離の取り方について，必要なスキルを身に付ける。

こんな子いませんか？　相手に一方的に好意を寄せるＡくん

　Ａくんは，自分が話しかけると，いつも話を返してくれるＢさんを意識するようになった。ＡくんはＢさんが，自分を親しい友だちとしてみていると思った。Ａくんは，休み時間ごとに階の違うＢさんのクラスを訪ね，廊下から呼び出しては話をした。ＢさんはＡくんと話をするのはいいけれど，休み時間ごとに声をかけられるのはイヤだった。そのうち，Ａくんは下校時，Ｂさんを校門で待っているようになった。ＢさんはＡくんから「つき合ってほしい」とは言われなかったので，断る機会が得られず，学校に行くこと自体，気が重くなってきた。

異性との適切な距離の取り方

1 目標
・場面や状況に応じて，異性との適切な関わり方や距離の取り方を知る。

	活動	配慮事項・教材
テーマの教示5分	●テーマとその意義の確認 ・異性と関わる上で困ったことを確認する。 ・「5　他者との適切な距離」で学んだ内容を振り返る。	テーマの意義を参加生徒の日常生活に即して伝える。
モデリング15分	●悪いモデルと良いモデルの提示 ・学校での男子と女子とのやり取りのモデルを示し，気付きを交流する。 ①悪いモデル：相手が嫌がっていても気付かずに一方的に話しかける ②悪いモデル：相手と近い距離で話す ③良いモデル：適切な距離でしつこくない関わり方をする	教材資料6-1 モデルの注目すべきポイントを伝える。
スキルの教示10分	●異性の友だちとの適切な関わり方，距離の取り方のポイントを確認 ・自分は話したいと思っても，相手は何度も話しかけられると嫌な気持ちになることがあることを確認する。 ・異性の友だちとの距離感についてグループで確認する。	「近付きすぎない」具体的な距離は，その場で生徒と距離を取って確認する。
ロールプレイ・フィードバック15分	●様々な場面での異性との距離感について話し合い　授業例6-1 ・2つの状況を提示し，ワークシートに沿って適切な行動についてグループで話し合う。 ・グループでロールプレイを行い，異性役の人がどう感じたかなどグループで話し合う。 ・話し合った内容をクラスで発表する。 ●適切な行動について確認 ・状況①②の適切な行動についてクラス全体で確認をする。	配布物6-1 参加生徒の実態に応じて，取り上げる場面は変更する。 状況②では「痴漢と疑われないため」ということも注意点として伝える。
まとめ5分	●まとめ ・異性との適切な関わり方，距離の取り方についてまとめる。	

2　準備する物　「こんな時どうする？」ワークシート〈配布物6-1〉

3　留意点

　状況，場面によって適切な距離が変化するが，臨機応変な対応が苦手な生徒もいる。参加生徒の日常生活を想定し，必要性の高い場面を題材に取り上げることが重要となる。

教師の教示例	板書例
「皆さんは，これまで異性と関わる上で，相手との距離で迷ったり，困ったりしたことがありますか。どれくらい相手に近付いたらよいのか，ということを考えると，難しい問題ですね」 「前回は，同性や目上の人などいろんな人との距離の取り方について，話しましたね。本日は，異性との距離の取り方について，さらに考えてみましょう」	異性との距離の取り方 前回の学習を生かして考えよう
「ここで，異性との関わり方に関する３つのモデルを見てみましょう。男子の女子との関わり方や距離の取り方に注目してください」 「今の関わり方や距離の取り方について，異性はどのように感じたでしょうか。快く思っていたでしょうか。それとも不快だったのでしょうか」	注目すべきポイントは？ ・距離 ・関わり方 ・顔の表情
「相手を不快にさせない適切な距離はどれくらいでしょうか。同じグループの男子と女子で腕半本分，一本分，一本半分の距離を実際に取って確認してみましょう」 「異性との距離は，腕一本半から二本分くらいが適切です。それより近かったり，遠すぎたりすると相手が不快に感じてしまうので気を付けましょう」	「近づきすぎない」ことが大切。具体的な距離は，どれくらい？ 腕一本半〜腕二本分？
「今度は適切な距離が取れない場面について考えていきましょう。ワークシートには２つの状況が提示されています。ワークシートに沿って，２つの状況でどう振る舞えばよいか，グループで話し合ってください。話し合いが一通りできたら，グループ内で実際にやってみて，異性役の人がどのように感じたか話し合ってみてください」 「それではグループで話し合った内容をクラスのみんなに発表してみましょう」	こんな時どうする？ ワークシート①② 状況①電車のどこに座るか。 状況②混雑している電車で，どう振る舞うか。
「皆さんから出た意見をまとめますと，状況①の場合には，反対側の席に座る，相手をじろじろ見ない，状況②は，背中を向ける，相手をじろじろ見ない，手を下に置かない，となりましたね。状況②は，体が触れたりすると痴漢と間違えられたりするなどの危険性もあります」	話し合いの結果 ※発表された内容を記す。
「今回は，異性との関わり方・距離の取り方を学びましたね。相手に何度もしつこく話しかけない。具体的には，異性とは腕一本半〜二本分の距離を取る。ただし場面によっては，離れることが難しい時もありましたね。どうしたらいいのか，再度振り返ってくださいね」	・異性とは「腕一本半〜二本分」の距離を取る。 ・状況により適切な距離が変わることもある。 ・相手が不快にならない接し方（距離）を考え振る舞う。

教材資料 6-1 モデリングの台詞

悪いモデリング①

　AくんとBさんは別のクラスで，AくんはBさんに一方的に好意を抱いている。朝のホームルームが始まる前に，Bさんのクラスの廊下からAくんがBさんに声をかけた。

A「Bさん，おはようございます。今日は元気ですか？」

B「Aくん，おはよう。元気だよ。Aくんは？」（気持ちよく）

A「僕も朝から元気ですよ。今朝，朝食に納豆でご飯を食べてきたので，元気もりもりですよ！　納豆は，〇〇にいいらしくて……」（長々と話し始める）

B「じゃね，さよなら。朝のホームルームが始まるから」（途中からいやになり，Aくんの話を遮る）

悪いモデリング②

１時間目が終わった時の休み時間

　廊下を歩いているBさんを呼び止めようとしてAくんはBさんの肩をたたいた。

A「Bさん，さっきの授業面白かった？」

B「あ，Aくん，また来たの？」

A「うん，さっきの授業は数学で，できたのは僕だけだったんだけど……」

B「私はこれからトイレに行くから，じゃあね」（嫌な表情で急いで離れようとする）

昼休みの時間

　Bさんの教室にAくんがやってきて，廊下からBさんに大きな声で話しかけた。

A「Bさん，さっきの授業面白かった？」

B「Aくん，まあまあね」

　Aくんが教室に入っていき，Bさんの座っているすぐ近くに来て顔をのぞき込み話し始める。

A「４時間目の僕の授業は国語だったんだけど，〇〇先生が手を挙げていた僕をさしてくれたよ。それで，その答えがね，合っていたんだけど……」（長々と説明し始める）

B「ああ，そうなんだ……」（嫌そうな表情で話す）

良いモデリング③

　昇降口で，AくんがBさんに声をかけた（腕一本半分くらいの距離で）。

A「Bさん，おはようございます。今日は元気ですか？」

B「Aくん，おはよう。元気だよ。Aくんは？」（気持ちよく）

A「僕も朝から元気ですよ。今日も一日頑張ろうね。また教室へ行っていいかな」

B「今日は１回会ったし，話をすることもないから，じゃね，さよなら」

A「分かった，じゃ今日も一日元気でね！」

　その後、Aくんは、Bさんの教室には行かなかった。

配布物 6-1　　「こんな時どうする？」ワークシート

「こんな時どうする？」ワークシート①

具体的な状況
○電車に乗った時，異性が一人，座っていました。
○この車両には，他の乗客はいませんでした。

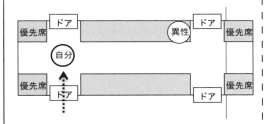

優先席	ドア		異性	ドア	優先席
自分					
優先席	ドア			ドア	優先席

その①～どこに座るのが一番適切でしょうか。
（上の図に●をつけよう）

その②～適切だと考えた理由は何でしょうか。

「こんな時どうする？」ワークシート②

具体的な状況
○電車に乗ると，満員でした。
○自由に移動できないほど混んでいます。
○自分の前に偶然異性がおり，向かい合っています。

その①～異性と体が触れるような距離になってしまった場合，相手はどのように感じるでしょうか。

その②～このような状況で，どう行動するのが適切でしょうか。理由もあわせて書いてみましょう。

授業例 6-1 　　様々な場面での異性との距離感について話し合い

①状況を説明する

満員電車で，移動できません。

自分の前に異性が偶然……。

②グループごとに，適切な行動について話す

③場面を想定して，グループ内で実際にやってみる

こんな感じで目線をそらす？

いいと思う！

手の位置も気をつけて。

目線が合うと気まずいよね。

④リーダーがクラス全体の前で発表する

両手でつり革やバーをつかむ。顔と顔を合わせず背中合わせになる。……

7 ▶ インターネットの世界とのつながり方

　インターネット（以下ネット）の世界は，今の子どもたちにとっては，生まれる前からそこにあるもので，彼らはいわゆるデジタルネイティブである。そのうち，皆がそうなり，デジタルネイティブも死語になってしまうかもしれないが。

　ネットの世界には，危ないことがたくさんある。例えば，誰でも青年期に興味をもつ，「異性関係の悩みを解決する」というようなキーワードから，情報商材の悪徳商法に引っかけたり，カードの番号を読み取ったりするものである。ここではネットの世界とのつきあい方のスキルについて学んでいく。

> **こんな子いませんか？**　　異性に近づく方法を得ようとするＡくん
>
> 　Ａくんは，好意をもったＢ子さんに近づきたくてネットで情報を集めた。「○日で恋人ができる方法」というサイトを見つけて読んでいくと，「この方法を示した本です」と6000円で販売していた。本を買うと自分の質問に直接メールで答えてくれるという。本を購入後メールでのやり取りの中で，「その人の前に何度も現れるほうが印象に残るため，その人が通る道で何度も声をかけよう。いつかは振り向いてくれる」など，一般的ではない指示を受けた。さらに，この本を他の人に薦め，その人が買ったら，もっといい方法を教えてあげるというメールも届いた。

SNS のメリット・デメリット

1　目標
・SNS のメリット・デメリットについて理解する。
・SNS での対人関係などのトラブルの回避方法を身に付ける。

	活動	配慮事項・教材
テーマの教示10分	●テーマとその意義の確認 ・テーマを伝え，生徒の SNS の利用実態を聞く。 　質問例 　SNS の種類，それをやる目的，頻度 　使用していない人　その理由 　オンライン・ゲーム／ソーシャル・ゲームの使用，頻度，課金　など	生徒の発言を板書しながら行う。 配布物 7-1 は授業全体を通して使用する。
モデリング10分	●ＳＮＳでの会話場面（悪いモデリング） ・スタッフがモデルを務め，友だち同士４人のグループラインの例（途中から，「友だちの発言をからかう」「悪口を言いだす」）を示す。 ・スタッフがモデルを務め，知らない人との Twitter でのダイレクトメール（DM）のやりとり例（同じ趣味の人へ DM を送り，趣味の話から「個人情報を聞き出す」などに発展していく）を示す。	教材資料 7-1 プロジェクター等で指導者の PC をつなぎ，実際に映した画面を読みながらモデルを提示。 配布物 7-2 に記入してもらう。
スキルの教示10分	●モデルを例に，SNS のメリットとデメリットについて確認 ・メリットとデメリットのほか，気を付ける点についてもふれながらワークシートに記入させる。	板書しながら，生徒に聞いていく。意見をワークシートに記入するよう声をかける。
ロールプレイ・フィードバック15分	●ロールプレイを行う ・ 配布物 7-3 を使い，タブレットPC を使ってグループ内で会話を続ける。	配布物 7-3 タブレットＰＣや携帯がない場合は，会話でロールプレイをする。 配布物 7-4
まとめ5分	●SNS のメリット・デメリットについて ・再度，気を付けなければいけない点を強調する。	他にも気づいた点があったら発表するように促す。

2　**準備する物**　スマートフォンやタブレットPC（提示用とグループに各2台），ワークシート〈配布物7-1，7-2，7-4〉，ロールプレイのテーマと会話の始め方の例〈配布物7-3〉

3　**留意点**

　実際にSNSの使用例を見せたり，ロールプレイすることを通じて，参加者のSNS体験も共有しながら，良かったこと，危険なことなどに興味をもって話し合えるようにする。

教師の教示例	板書例
「これからSNSの学習をします。後で振り返ったり見返したりできるように，ワークシートに学んだことを記入していきましょう。まずSNSとは何でしょうか。そうですね，ソーシャル・ネットワーキング・サービスの略号ですね」 「皆さんは，SNSを使っていますか。例えばどのようなものがありますか」 「LINE, Twitter, インスタグラムなどですかね。皆さんは，何を，どんな目的で，どのくらいの頻度で使っていますか」 「中には使っていない人もいると思いますが，それはどうしてですか」 「オンライン・ゲーム／ソーシャル・ゲームはどうですか。やったことはありますか。どれくらいの頻度でやっていますか」 「SNSにはいろいろあると確認しました。では今日の学習を進めましょう」	SNS ソーシャル・ネットワーキング・サービス ・LINE ・Twitter ・インスタグラム　等
「さて，スタッフ同士のLINEの会話を画面上で見てもらいます。まずは，友だち4人のグループラインで夏休みの予定について，話をしているところです」 「今の会話で気になったことをワークシートにメモしていきましょう」 「次は，Twitterでのダイレクトメールのやり取りです。XXというロックバンドが好きな人とのやり取りです」 「気になったことをワークシートにメモしていきましょう」	会話1：夏休みの予定 会話2：ロックコンサート [板書例 7-1]
「2つの例をふまえてSNSのメリットやデメリットを発表してください」 「SNSは複数での会話もできます。また知らない人とのやり取りもできます。そこはメリットといえそうですね」 「その反面，文字情報なので，うまく伝わらないこともありますし，一回書き込んだものは消せない，写真や言葉などの内容が拡散される可能性もあります」 「デメリットもあるSNSですから，気を付けて使うことが大切です。絵文字などを使用して，文字で伝わりにくい部分を補完するのもいいと思います。悪口や個人情報を安易に書き込まないこと，やり取りをしていてもよく知らない相手には安易に会いに行かないようにすることは大切です」	
「これまで学んだことに注意しながら，タブレットPCを使ってグループ内で会話してみてください。気付いたところはワークシートに記入しましょう」 「良かった点，改善すべき点，やりやすかった点，やりにくかった点，その他，やってみて気付いた点を発表してください」	タブレットPCでの会話
「今日は，SNSを学習しました。メリット・デメリットは（板書を指して）ここにある通りです。他にもあったら出してください」 「繰り返しますが，個人情報は載せないようにし，直接会うことや送金もやめましょう。写真を載せる時は写っている人に許諾を取るのも大切です。そして何より大事なことは会って伝えるのがいちばんです。メリットデメリットもあるSNS，十分に注意しながら使いましょう」	[板書例 7-2]

教材資料 7-1　　　悪い会話例

例1　4人の友だちのグループライン

A：夏休みどっかいこうぜ！
B：どーする？　海、いいよね！
C：ショー何海岸とかよくね？
A：誤字わろた
B：ビミョー…
C：わかるだろ，湘南海岸だよ
A：湘南海岸に何しに行くの？　お台場は？
B：お台場かー，ガンダム見に行こうぜ！
C：ガンダムか，それならいいな！
A：賛成！　な，Dはどうした？
B：返事ないな。花火もよくね？
A：だな！
C：OK！
B：（花火の写真を掲示）

C：なるほど！いいな！
B：どこの花火にいく？　いろいろな場所であるよな！
A：たしかに……
A：花火は次にしよう！　まずはお台場だ！
C：じゃ，明日9時にXX駅に集合だ！
A：OK！
B：OK！　Dはどうするかな？
C：どーでもよくね？　どうせこれ見るさ！
A：最近，Dは付き合い悪い！　新しく塾に行っている
　　らしいぞ！
B：自分だけ，テストでいい点とろーってことか！
C：あいつ，塾行ってもダメだろ！　この前の数学の点
　　数，ちらっと見たら20点！
A：えーーーー！　どうやったらそんな点とれるんだ
　　ーーー（爆）
　　　　　　　　　・
　　　　　　　　　・
　　　　　　　　　・

例2　TwitterのDMでの会話

こんにちは，〇と申します。
Twitterのプロフィールを見てご連絡させて
いただきました。△さんも××というグル
ープ好きなんですね。私も大好きで，ぜひ，
XXについて一緒に話ができたらいいなって
思っています。
よろしければ仲良くしてください。
よろしくお願いします。

こんにちは！　△です。
こちらこそよろしくお願いします。これか
らいろいろ情報共有していけたらうれしい
です！
××のアルバム全部持っています。去年の
武道館コンサート，めっちゃ楽しかった！

武道館コンサート行ったんですねー
私も行きました！
もしかしたらすれ違っていたかもしれないです
ね！
今度の全国ツアーの最終日は，行きますか？

おお！
ですよね！
私は，今度のはチケットはずれてしまった
んですよ〜〜（泣）

そうなんですね〜〜〜（泣）
実は，私，2枚あたって1枚余っているんです
けど，よかったら一緒に行きませんか？

ほんとですか〜〜〜？！
めっちゃ行きたいです！

ぜひ一緒に行きましょう！
ちなみにチケット代の支払い明日なんですが…
8800円と手数料をお願いしてもいいですか？

はい，もちろんです！
どこに振り込めばいいですか？

じゃあ，〇×銀行△△支店
000　0000-0000000
タナカイチコでお願いします！

了解です！
すぐに振込に行きます！

ちなみに確認したいので，振り込みの時の
名前を教えてください。

スズキレイコです！
よろしくお願いします！

配布物 7-1　　ワークシート

氏名　＿＿＿＿＿＿＿＿＿

SNS とは？

SNS のメリット

SNS のデメリット

SNS の使用で気を付ける点

まとめ

配布物 7-2　　悪いモデリングを見ている時に使うワークシート

例1　　　　　　　　　　　　　　　氏名 _____	
気になった点など	改善すべき点など

例2　　　　　　　　　　　　　　　氏名 _____	
気になった点など	改善すべき点など

配布物 7-3　　ロールプレイのテーマと会話の始め方の例

テーマ1．夏休みの計画	テーマ2．宿題の無心
Ａ：夏休みに遊びに行こうよ！　どこに行こうか？ Ｂ：お年玉がまだたまっているから，買い物に行きたい！	Ａ：ねえ，今日の宿題やった？ Ｂ：もうやったよ！ Ａ：まだやっていないんだよ〜〜（泣）ねえ，写真で写して見せてくれない？ Ｂ：え〜，自分でやった方がいいよ〜 　　　　　　　　　： 　　　　　　　　　： 　　　　　　　　　：
テーマ3．歌手の話題	テーマ4．勉強の話
Ａ：今度私の大好きな歌手が，○○広場に来るんだよ！ Ｂ：私には興味ないな〜〜〜 Ａ：誰が好きなの？ Ｂ：私は△△だよ〜！ 　　　　　　　： 　　　　　　　： 　　　　　　　：	Ａ：今度の土曜日の午後，一緒に図書館に勉強しに行かない？ Ｂ：僕は塾があるんだよ。 Ａ：そうか……残念だな〜。今日の数学，難しくなかった？

※やり取りが続くように声をかける。

配布物 7-4   ロールプレイの時に使うワークシート

氏名 ＿＿＿＿＿＿＿＿＿

ロールプレイで……

自分たちのやった会話で，次の点を振り返り書いてください。

・良かった点

・改善すべき点

・やりやすかった点

・やりにくかった点

・その他，やってみて気付いた点

板書例 7-1

SNS のメリット
・複数人でのやり取り
・知らない人とのやり取り
SNS のデメリット
・文字情報で伝えきれないことがある。
・書き込んだら消えない
気をつける点
・絵文字などの活用
・個人情報を伝えない
・安易に会わない

※ワークシートに記入するよう促す。

板書例 7-2

（板書7-1に追加して以下を記入する）
・個人情報は知らせない。
　（個人名，ID，生年月日，銀行口座，
　電話番号…）
・送金はしない。
・写真を載せる時は相手の確認を取る。

・会って話すことは大事

※ワークシートに記入するよう促す。

LINE の使い方

1 目標

・相手に応じた LINE のやり取りをすることができる。

・相手の気持ちを考えて LINE のやり取りをすることが必要であると理解する。

	活動	配慮事項・教材
テーマの教示5分	●テーマとその意義の確認 ・日常生活で LINE を使う頻度や，困ったこと・不安になったことがないか質問する。	テーマの意義を参加生徒の日常生活に即して伝える。
モデリング15分	●LINE の2つのモデルを示す ・悪いモデル（友だちに一方的に，頻繁に LINE する）と，良いモデル（相手の返事を待ってから LINE する）を示し，どこが悪いか，相手がどう感じるか，どうすべきか意見を出し合う。	教材資料 7-2 教材資料 7-3 LINE のやり取りの様子を提示する。 モデルの注目すべきポイントを伝える。
スキルの教示10分	●LINE で注意することを確認	
ロールプレイ・フィードバック15分	●例をもとに LINE を使うポイントを確認する ・別の悪い例と良い例を提示し，それぞれ何が悪い（良い）のか，相手はどう感じるか，どうすれば良くなるかについてグループで話し合う。 ・グループで出た意見をリーダーが発表する。	教材資料 7-4 教材資料 7-5
まとめ5分	●LINE のやり取りで注意すべき点を確認 ・メッセージを受け取る相手がどのように感じるかを考えてやり取りをする。	教材資料 7-6

2　留意点

　スマートフォンの使用については，生徒によって使用実態が大きく異なる場合があるため，事前に把握しておくことが重要となる。

教師の教示例	板書例
「本日は，携帯電話の使い方について考えていきます。皆さんは，携帯電話やスマートフォン（スマホ）をどのくらいの頻度で使っていますか。通話やLINE，インスタグラムなどいろいろな利用ができますが，多くの人が使っているLINEを取り上げたいと思います。LINEで誰とやり取りをしていますか。困ったこと，不安になったことはありませんか」	LINEの使い方
「これからLINEのやり取りを2つ見てもらいます。Aくんのメッセージの送り方に注意して，よく見ていてください」 「このモデルでは，どこが問題でしたか。AくんはBくんに一方的に，頻繁にメッセージを送っていました。Bくんはどう感じるか，Aくんはどんなことに気を付けたらよかったか，意見を出してください」 「もう一つモデルを見てもらいます。先ほどのLINEと比べてAくんはどうか，注目してください」 「2つ目のモデルはどう感じましたか。1つ目のモデルとどこが異なっていたでしょうか」 「すぐに返事がなくても，一方的にLINEを送らず，相手の返事を待ってから送っていましたね」	2種類のやり取り
「ここでLINEを使う時の注意点をまとめましょう。1つ目のモデルのように，自分の伝えたいことを一方的に送っても相手は嫌な気持ちになってしまいます。そのため『メッセージを受け取る相手の気持ちを考える』ことが大切です」	LINEで注意することは？ メッセージを受け取る相手の気持ちを考える
「別のLINEのやり取りを示します。まずは悪い例を挙げますので，グループで，何が悪いのか，相手はどう感じるか，どうすればよくなるか話し合いましょう。最後に，リーダーにグループの意見をまとめて発表してもらいます」 「それでは，リーダーさん，発表してください」 「次に，良い例を示します。グループで話し合いましょう」 「それでは，リーダーさん，発表してください」 「LINEを使う時に気を付けたい3つのポイントを確認しましょう」（板書を指す）	LINEで気を付けたい点 ①自分の要求を無理やり押しつけたりしない。 ②先輩など目上の人には敬語を使う。 ③異性に対してしつこいメッセージを送らない。
「今日はLINEの使い方を勉強してきました。自分の思いを一方的に送るのではなく，相手がどのように感じるのかを考えてやり取りすることが大切です」	LINEのやり方 ・相手を考える ・相手の立場を考える

114

教材資料 7-2 悪いモデル

どこが良くないですか？

Aくん　　　　　　　　　　　　Bくん

> 今日の部活疲れたね！
> 先生，今日はやけに厳し
> かった気がしない？
> 　　　　　　　　19：30

> 明日休もうかな？　ど
> う思う？
> 　　　　　　　　19：31

　　　　　　> そうだったんだ！　今
　　　　　　> 日，風邪で部活休ん
　　　　　　> でたからさ。
　　　　　　> 　　　　　　　　20：14

> 今日いなかったよな？
> 　　　　　　　　20：15

> そういえば，今日でた
> マンガの新刊買った？
> 　　　　　　　　20：20

> テレビに今人気の芸人出
> てるよ！　見て
> 　　　　　　　　20：21

> しまった！　英語の宿
> 題の提出，明日だよ
> 　　　　　　　　20：22

> 今日いなかったよな？
> 　　　　　　　　20：23

> 明日休もうかな？　ど
> う思う？
> 　　　　　　　　20：23

教材資料 7-3 良いモデル

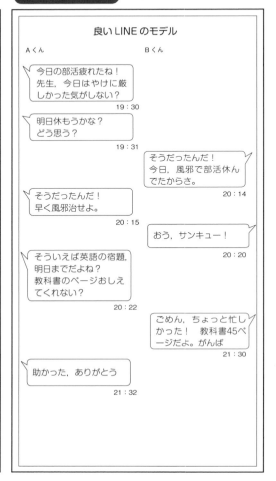

良い LINE のモデル

Aくん　　　　　　　　　　　　Bくん

> 今日の部活疲れたね！
> 先生，今日はやけに厳
> しかった気がしない？
> 　　　　　　　　19：30

> 明日休もうかな？
> どう思う？
> 　　　　　　　　19：31

　　　　　　> そうだったんだ！
　　　　　　> 今日，風邪で部活休ん
　　　　　　> でたからさ。
　　　　　　> 　　　　　　　　20：14

> そうだったんだ！
> 早く風邪治せよ。
> 　　　　　　　　20：15

　　　　　　> おう，サンキュー！
　　　　　　> 　　　　　　　　20：20

> そういえば英語の宿題，
> 明日までだよね？
> 教科書のページおしえ
> てくれない？
> 　　　　　　　　20：22

　　　　　　> ごめん，ちょっと忙し
　　　　　　> かった！　教科書45ペ
　　　　　　> ージだよ。がんば
　　　　　　> 　　　　　　　　21：30

> 助かった，ありがとう
> 　　　　　　　　21：32

教材資料 7-4　　悪いモデル

悪い LINE の例①しつこいメッセージ

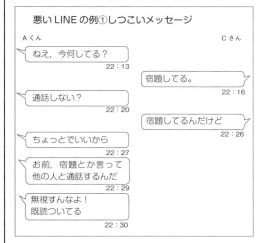

悪い LINE の例②先輩に対してなれなれしい

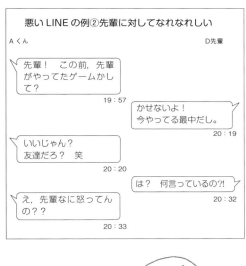

悪い LINE の例③異性に対して配慮にかける

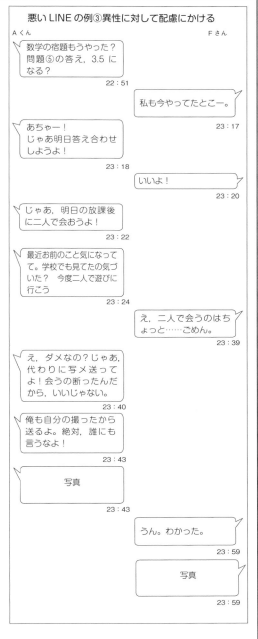

116

教材資料 7-5　　良いLINEの例

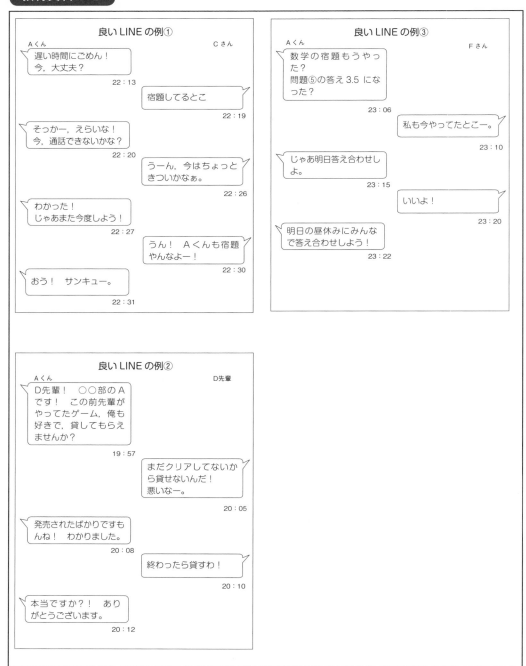

教材資料 7-6　　LINEの使い方のまとめ

悪い例①から考えた良い LINE の使い方のまとめ

自分の要求が通らないからといって何度も何度もお願い／要求をしない。
相手は困っているかもしれません。

悪い例②から考えた良い LINE の使い方のまとめ

先生・先輩など年上の人には敬語を使います。

悪い例③から考えた良い LINE の使い方のまとめ

異性に対してしつこく会うことを要求したり,
写メを送ることを無理強いしたりしません。
相手は恐怖を感じているかもしれません。

SNS の使い方

1 目標

・SNS に潜む危険性を知る。

・知らない相手と会うことの危険性が分かる。

	活動	配慮事項・教材
テーマの教示 5分	●テーマとその意義の確認 ・SNS で知らない人とやり取りする危険性について学ぶ。	テーマの意義を参加生徒の日常生活に即して伝える。
モデリング 15分	●SNS のやり取りを提示 ・知らない人との LINE のやりとりのモデルを示し，どのようにメッセージを返すか，生徒に質問しながらやり取りを進める。	教材資料 7-7 指導者（一人は別室）が実際に LINE でやり取りを行い，それをスクリーンで示す。
ロールプレイ・フィードバック 15分	●相手の人物像を検討する 授業例 7-1 ・プロフィールやメッセージを交換する様子から，相手の人物像をグループで話し合い，ワークシートにまとめる。話し合った結果をリーダーが発表する。 ●LINE の危険性について考える 授業例 7-1 ・実際に会う場面をモデルとして示し，SNS の危険性について確認する。 ●SNS でよくあるケースを取り上げ，考える ・架空請求メールと LINE ゲームの課金について取り上げ，グループで話し合う。	配布物 7-5 教材資料 7-7 相手役は男性という設定としパーカー，帽子，サングラスなどを着用する。危険な場面なので教師やスタッフ等がモデルを示す。 教材資料 7-8
まとめ 15分	●SNS を使うときの注意点を確認 ・板書に挙げた注意点２つを再度確認する。	生徒の実態に応じて実際の事件を紹介してもよい。

※この回は「スキルの教示」は行わないで「まとめ」でスキルを伝える。

2　**準備する物**　プロジェクター，スクリーン，不審者の変装道具，ワークシート〈配布物7-5〉

3　**留意点**

SNSでつながった知らない人と実際に会うことの危険性を知らせる。

教師の教示例	板書例
「皆さんは，携帯電話やスマートフォン（スマホ）をどのくらいの頻度で使っていますか。通話やSNSなどいろいろな利用ができますが，何を一番利用していますか。LINEやインスタグラムを使う人は多いと思いますが，やり取りで困ったことや不安になったことはありませんか。また，知らない人からメッセージがきたことはありませんか。本日はSNS活用の注意点について学びます」	SNSの使い方
「まずはSNSでのやり取りを見てみましょう。知らない女の子からメッセージが届きました。友だち申請です。何か悩みを相談したいと思っているようです。プロフィールや写真を見ると，か弱そうな女の子だと分かり友だち申請OKの返信しようと思ったとします」 「さあ，どんなメッセージを返しますか」	
「相手のプロフィールやメッセージを交換する様子から，相手はどのような人物か想像できますか。グループごとに話し合ってください」 「ではグループのリーダーが発表してください」 「とても仲良くやり取りができ，お互いに気が合うように思いました。相手から『今度会いませんか』と言われ，LINEの相手と時間と場所を決めて待ち合わせすることにしました」 「よく見ておいてくださいね（待ち合わせしているところに別室から怪しい男性が現れ，外へ無理やり連れ去る様子を見せる）」 「そうなんです。女の子だと思っていた相手は実は怪しい男性だったんです。このようにLINEなどのSNSは相手の顔が見えないため，偽物の写真や情報もたくさんあります。便利な分，自分で正しい情報と誤った情報を判断しなければいけません」 「SNSを使う時の最低限の注意点を2つ確認します」（板書を示す） 「さらにSNSでよくあるケースは1つは架空請求メール，2つめはLINEゲームの課金です。このようなトラブルに遭わないようにするためにはどうしたらよいか，グループで話し合ってください」 「話し合った結果を，リーダーが発表してください」	SNSの注意点 ①知らない人と絶対に会わない。 ②不安なこと，困ったことがあれば周囲の人に相談する。 架空請求 ①宛先の分からないメールのURLをクリックしない。 ②宛先の分からないメールは開かない。 LINEゲームの課金 ①課金のしすぎには注意する。
「今日はSNSを使う時の注意点を取り上げました。SNS上は正しい情報だけでなく偽の情報，誤った情報などもあり，自分で判断しないとトラブルに巻き込まれてしまいます。特にSNSでつながった人と会うのは危険が伴うので，直接会わないようにしましょう。ロールプレイの事例からも安易に返信しないことも大切そうです。そして不安や困ったことがあれば周囲に相談しましょう」	

教材資料 7-7　LINEでのやり取りを示したスクリーン

りこ

> 友だちとして追加
> されていません。

> 突然すいません。
> 今，すごく悩んでいる
> ことがあって，相談し
> たいことがあるんです
> けど，いいですか？

ある日，あなたに LINE の
メッセージが届きました。
相手は悩んでいるみたい
……。

とりあえず，プロフィール
を見てみよう！

> このような LINE の画面（スクリーンショットした画像）を映し，設定を伝える。

りこ

| ブロック | 追加 |

写真は同い年くらいの女の
子。
背景も，女の子らしい写真。

急に「悩みがある」ってメッセージを送るなんて，よほど悩んでいるのかな……。

知らない子だけど返事する
くらいなら大丈夫だよね！

> プロフィール画面（スクリーンショットした画像）を映し，相手の女の子について伝える。

りこ

> 会って，もっと話を
> したいのです。

> いいですよ！　ゆっく
> りお話ししましょう。

> 今週土曜日13時，公
> 園で待っています。

直接会ってもっと話がした
いって言っている。
いろいろな悩みがあって，
LINE では言いづらいこと
もあるのかな……。
話を聞くだけだし，女の子
なんだから，会っても大丈
夫そう！

> LINE の画面に切り替え，実際にメッセージのやり取りを行って見せる。女の子役は悩みがあること，会いたいことを伝える。

> 直接会おうと誘われ，約束をLINE のやり取りで行う。

―約束の日―

ついに今日は約束の日！

あなたは待ち合わせ場所で
「りこ」さんを待っていま
す。

> LINE の画面から直接会う場面を示す。

教材資料 7-8　SNS の使い方に関するテーマの例

①架空請求（スライドの例）

架空請求には様々な手口があることを示す。
・有名人を装う
・友だちを装う

このような詐欺に遭う可能性があります。
だから……
★宛先の分からないメールの URL をクリックしない！
★宛先の分からないメールは開かない！

②LINEゲームの課金（スライドの例）

携帯電話のゲームで
課金を何度もしてしまうと……？

あー，また負けだ‼

次は勝てる気がする‼

ゲーム自体は無料でも，アイテムやカードなどは有料なゲームがたくさんある。一度の課金はたいした金額ではなくても何度もやると高額になる。

気が付くと
高額な請求が来ることになります。
★課金のしすぎには注意する！

配布物 7-5　　ワークシート

ワークシート　　　　　氏名＿＿＿＿＿＿＿＿＿

LINE の相手はどんな人物だろう？　グループで話し合ってみよう！

①相手の性別は？　　男性・女性（○をつけよう）

それはなぜ？

②相手の年齢は？　　小学生・中学生・高校生（○をつけよう）
　　　　　　　　　・20歳代・30歳代

それはなぜ？

③相手はどんな人？　　怖い・普通・優しい（○をつけよう）

それはなぜ？

④相手の交友関係は？　　友だちがいなさそう・普通・友だちが多そう（○をつけよう）

それはなぜ？

⑤相手の印象は？　　頼りにならなそう・普通・頼りになりそう（○をつけよう）

それはなぜ？

⑥会おうと言われたら？　　会いたくない・会ってもいい・ぜひ会ってみたい（○をつけよう）

それはなぜ？

授業例 7-1　　　相手の人物像を検討する

①知らない女の子から LINE でメッセージが
来る。プロフィールを確認させる。

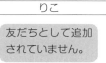

ある日，あなたに LINE の
メッセージが届きました。
相手は悩んでいるみたい
……。

とりあえず，プロフィール
を見てみよう！

②生徒に発問しながら，相手のメッセージに返事をしていく。

③相手がどのような人物か考え，グルー
プで話し合う。ワークシートにまとめ，
リーダーが発表する。

④直接会うため待ち合わせをすると，怪しい男性（教師やスタッ
フ）が現れ，外へ連れていかれる。

8 プレゼントの選び方・受け取り方

　プレゼントを贈る機会は，誕生日，クリスマス，記念日など様々にある。プレゼントをもらった時，自分が好きなものではなく，あからさまに「がっかり」とした表情をする人がいる。そのような表情をすること自体にも対人関係上，問題はあるが，相手のことを配慮せず自分を基準にしてプレゼントを選んでいることに気付かない生徒も多い。ここでは，他者の視点に立ってプレゼントを選ぶというスキルを取り上げる。

こんな子いませんか？　自分の欲しいものをプレゼントするAくん

　Aくんは「僕は電車が大好き。日曜日には，近くの駅に電車の写真を撮りに行く。鉄道博物館にも年に3回は行き，古い型の新幹線の写真を撮ってくる」と言う。こんなAくんが，同級生のB子さんの誕生会に呼ばれた。「プレゼントには高価なものを買ってこないように」と言われていたので，これまで撮り集めた自分の宝物の電車の写真を数枚プレゼントした。B子さんは「ありがとう」とは言ったけど，あまり喜んでいなかった。「そんなことなら，僕がもらいたいくらいだ！」とAくんはB子さんに怒って言った。

プレゼントの選び方

1 目標
・プレゼントを贈る際に基本的に気を付けることを理解する。

	活動	配慮事項・教材
テーマの教示5分	●テーマとその意義の確認 ・プレゼントを贈る際に気を付けたいポイントを学ぶ。	テーマの意義を参加生徒の日常生活に即して伝える。
モデリング10分	●悪いモデルを示し，ワークシートを記入する ・3つの悪いモデルを示し，気付いたことをワークシートに記入する。 　①自分の趣味を押しつける 　②唐突すぎる（重すぎる，高額すぎる，関係性の問題） 　③安易すぎる（礼儀，気持ちの問題）	教材資料8-1 配布物8-1 モデルの注目すべきポイントを伝える。 気付いた点をワークシートに記入させる。 グループで話し合い活動を行ってもよい。
スキルの教示10分	●プレゼント選びのポイントを確認	ポイント③では，ラッピングについてもふれる。
ロールプレイ・フィードバック15分	●クリスマス会にふさわしいプレゼントを考える 〔授業例8-1〕 ・クリスマス会に渡すプレゼントをグループで話し合う。 　参加者：小学生・中学生・高校生 　設定金額：500円 　渡し方：ランダムにプレゼント交換するため，誰に渡すかは分からない。 ・グループごとに次の3点を話し合う。 　①誰に渡っても喜んでもらえるプレゼントとは？ 　②プレゼントを買うのはどんな場所があるか？ 　③どんなことに気を付けてプレゼントを選び，買うか？	グループ内で意見を出し合うが，一つにまとめる必要はない。 今回は小・中・高校生参加のクリスマス会にしたが，生徒の状況を考え，参加者や金額など，場の設定を変えるとよい。
まとめ10分	●まとめ ・プレゼント選びのポイントを確認する。 ・自分一人で選べない時には，周囲の人に相談するとよいことも伝える。	

2　準備する物　「プレゼントの選び方」ワークシート〈配布物8-1〉

3　留意点

　　プレゼントを贈ったことがない，自分で選んだ経験がない生徒もいる。自分を基準に選ぶのではなく，プレゼントを贈る相手が喜ぶものかどうかを考えることの重要性を伝えるようにする。

教師の教示例	板書例
「これまで友だちや家族などにプレゼントを贈ったことがありますか。いつ，どんな機会にプレゼントをしましたか。どんなことを考えて選びましたか」 「なるほど，誕生日には贈りますね。他にクリスマスもありますね」 「今日はプレゼントを取り上げます」	プレゼントを贈る 　いつ？ 　どんな時？ 　　例　誕生日，クリスマス
「今からプレゼントを贈る場面の3つのモデルを見て，気になる点をワークシートに記入していきましょう」 「ワークシートに記入した内容を発表してもらいます」 「1つ目のモデルはどうだったでしょうか。自分の趣味を押しつけているプレゼントでしたね」 「2つ目のモデルはどうでしょう。唐突すぎ，受け取る相手が困ってました」 「3つ目のモデルはどうでしたか。間に合わせで用意したプレゼントで，相手は怒っていました」	モデル1 モデル2 モデル3 　気になった点 　※意見を板書する。
「皆さんから出た意見をまとめると，板書のようになります」 「また，プレゼントを渡す時にはそのまま渡すのではなく，ラッピングなどの工夫をすることも大切です」	プレゼント選びのポイント ①〇相手の趣味・好みを考える ②×高価すぎる，手が込みすぎているなど，気持ちの負担になるもの（関係性の問題） ③×安易すぎる 　〇前もって準備するなど，礼儀や気持ちの伝わるもの
「今回は小学生・中学生・高校生が参加するクリスマス会で渡すプレゼントについて，グループで話し合ってみましょう。金額は500円，ランダムにプレゼント交換するので，誰に渡すか分かりません」 「プレゼントを誰に渡すかが分かっていれば，その人のことを考えて選ぶことができます。しかし，分からない場合は，誰に渡っても喜ばれそうなものを選ばなければいけないので難しいですよね。誰に渡っても喜んでもらえるプレゼントとは何か，そのような物が買える場所はどこか，またどんなことに気を付けて選び，買うとよいかという3点をグループで話し合いましょう」 「グループで出た意見を，リーダーが発表してください」	・みんなに喜ばれるプレゼントとは？ ・プレゼントを買う場所 ・選ぶ時，買う時に気を付けるポイント ※意見を板書する。
「今日はプレゼントの選び方について考えてみました。贈る相手を考えるのがポイントでしたが，その他にも気を付けたい点がありましたね」 「自分一人で選べない時は，他の人に相談するのもいいですね」	ポイント ①〇相手の趣味・好み 　×自分の趣味・好み ②高価すぎない　分相応に ③安易すぎない　心を込めて

教材資料 8-1　　モデリングの台詞

悪いモデル①

> 誕生日プレゼントを選ぶ人（A）：自分の趣味を押し付けるプレゼントを考える
> 誕生日プレゼントを受け取る人（B）：自分の趣味ではないプレゼントをもらい，戸惑う設定
> A：高校1年生，趣味は電車の撮影
> B：高校1年生，Aのクラスメイト，趣味はアニメ

A：うぉぉー！　幻の"幸せの黄色い電車"『ドクターイエロー』
　　撮ったぞー！！　この感動を誰かに伝えたい！　あ！　も
　　うすぐBさんの誕生日だ！　この写真を額に入れてプレゼ
　　ントしよう！

（翌週）

A：Bさん，誕生日おめでとう。これプレゼント。

B：ありがとう。開けていい？

A：いいよ！　喜んでもらおうと思って準備したんだよね！

B：（プレゼントを見て戸惑った表情で）あ，ありがとう……。

悪いモデル②

> プレゼントを選ぶ人（A）：Bくんが大好き。自分にしかできないプレゼントを贈ろうと考え
> る
> プレゼントを受け取る人（B）：他に好きな女子がいるので，プレゼントに戸惑う。
> A：高校1年生，バスケ部の後輩，とても器用
> B：高校2年生，バスケ部で活躍しており好青年

A：あと一か月でバレンタインデー。大好きなB先輩に，マフラーを編んであげたいなあ（独
　　り言）

（一か月後）バレンタインデー当日

A：B先輩，放課後に玄関の横に来てくれない？

B：え？　なんだよ。チョコレートか？

A：ま，いいから，時間取らないし……，じゃね，後で，よろしくお願いします！

B：分かったよ〜。

（放課後）

A：これ，手作りしたチョコレート，それに，これ（マフラー）。
　　心を込めて編んだのよ。私，Bくんのこと大好きよ！　明日からしてきてくれない？

B：えええええ，あ，あ，ありがとう（でも僕にとってはAは単に後輩で，他に好きな子がい
　　るからその子に見られたらたまらない！）

悪いモデル③

> プレゼントを選ぶ人（A）：プレゼントの用意を忘れ，コンビニでお菓子を買いビニール袋の
> 　　　　　　　　　　　　まま渡す
> プレゼントを受け取る人（B）：プレゼントを受け取るが，少し怒った表情をする設定
> A：高校１年生女子，Bとは仲の良い部活の後輩。部活動最後の日にプレゼントを渡す
> B：高校３年生女子，Aは部活動の後輩で仲が良い

A：あ！　今日卒業式じゃん！　忘れてた！　あー，お世話になった先輩にみんな何かプレ
　　ゼントするって言ってたな！　あー，もうコンビニでいっか！
（放課後）
A：先輩，これ引退祝いです。どうぞ。
B：おう，ありがとう。（ビニール袋の中を見る）
A：朝気がついたんで，コンビニの駄菓子三つですが，気持ちは
　　こもってますから！
B：（怒った表情で）あ，そう。

配布物 8-1　　「プレゼントの選び方」ワークシート

「プレゼントの選び方」ワークシート

氏名＿＿＿＿＿＿＿＿

1　モデリングのプレゼントの選び方は，どんなところが悪かったでしょうか。
　　★モデル①〜友達の誕生日に電車の写真

　　★モデル②〜バレンタインデーに手編みのマフラーをプレゼント

　　★モデル③〜卒業式に，先輩へコンビニで買った物をビニール袋で渡す

2　代わりにどんなプレゼントが考えられるでしょうか。
　　★モデル①

　　★モデル②

　　★モデル③

3　人にプレゼントを贈る時に気を付けなければいけないことはなんでしょうか。

授業例 8-1 クリスマス会に持ってくるプレゼントについての話し合い

①クリスマス会の設定を説明する

参加者：小学生，中学生，高校生
設定金額：500円
渡し方：ランダムにプレゼント交換するため，自
　　　　分のプレゼントが誰に渡るか分からない。

②グループごとに，プレゼントの内容
（誰に渡っても喜んでもらえるものと
は？　どんなことに気を付けて選ぶと
良いか）について話し合う。

③グループごとに，プレゼントを
買う場所について話し合う。

○○ショッピング
センターとか？

スーパーの○○も
あるよ！

④リーダーが全体の前で発表する。

誰でも喜ぶプレゼ
ントは○○で××
で買えます！

プレゼントの受け取り方

1　目標

・プレゼントを受け取る際に気を付けることを理解する。

・プレゼントをくれた相手に感謝の意を示す方法を理解する。

	活動	配慮事項・教材
テーマの教示5分	●テーマとその意義の確認 ・これまでにプレゼントをもらった経験を確認し，プレゼントをもらう時どのように反応するか，相手に何を言うかを確認する。	テーマの意義を参加生徒の日常生活に即して伝える。
モデリング10分	●悪いモデルの提示 ①お礼を言わず，もらったプレゼントを置き忘れて帰る。 ②お礼を言わず，もらったプレゼントを他の人と交換しようとする。 ・問題点を指摘する。 ●良いモデルの提示 ③お礼を伝え，受け取ったプレゼントをカバンにしまう。	教材資料 8-2 モデルの注目すべきポイントを伝える。
スキルの教示10分	●プレゼントを受け取る際のポイントを確認	ポイント②について，プレゼントを置き忘れるなど渡した人が嫌な気持ちになる例を具体的に挙げるとよい。
ロールプレイ・フィードバック15分	●プレゼントの受け取り方について話し合う　授業例 8-2 ・悪い例を提示し，気付いた点を各自でワークシートに記入する。 モデル①もらったプレゼントの文句を言う。 モデル②プレゼントの値段を尋ねる。 ・ワークシートに記入した内容をふまえてグループごとに話し合ったことを生かしグループ内で良い受け取り方をロールプレイする。 ・リーダーがクラス全体にグループで行った受け取り方を発表する。	教材資料 8-3 配布物 8-2 ロールプレイではお礼の言い方についても意識させる（相手を見て，相手に聞こえる声で，笑顔で）。
まとめ10分	●まとめ	悪気はなくても「もう持ってる」と言ったり，値段を尋ねてしまったりすると，相手が嫌な気持ちになることを伝える。

２　準備する物　「プレゼントの受け取り方」ワークシート〈配布物8-2〉

３　留意点

　プレゼントが必ずしも自分の欲しいものであるとは限らない。そうした場合に，相手の気持ちに配慮した振る舞い方や，その必要性を理解できるようにすることが重要となる。

教師の教示例	板書例
「今回は，プレゼントをもらう時のマナーを学びます。皆さんは，どんな時にプレゼントをもらいますか。誕生日やクリスマスなどプレゼントをもらう機会は年に何回かありますね」 「プレゼントをもらった時に相手に何と言いますか」 「『ありがとう』と言いますね。では，プレゼントが自分の欲しいものでなかった時，皆さんはどのような反応をしますか。相手に何と言いますか」	プレゼントの受け取り方
「これからプレゼントをもらう場面のモデルを３つ示します。もらう人がどのように反応しているか注意して見てください。まずは２つを続けて示します」 「２つのモデルの行動のどこに問題がありましたか。プレゼントを渡した人はどのように感じるでしょうか。どのように振る舞うことが良いと思いますか」 「それでは３つ目のモデルです。先ほどの２つのモデルとプレゼントの受け取り方にどのような違いがあるか注目してください」	モデル① モデル② モデル③ ※生徒の意見を板書する。
「どうでしたか。プレゼントを受け取る時，大切にしなければいけないのはどのようなことでしょうか」 「そうですね。プレゼントをもらった時には①『ありがとう』と感謝を伝えましょう。また，②受け取ったプレゼントを大切に扱いましょう。この２点は対人関係をよくするためにも重要ですね」	◎人からプレゼントをもらった時には， ⇒①「ありがとう」と感謝を言葉で伝える ⇒②受け取ったプレゼントを大切に扱う
「これからプレゼントの受け取り方の悪い例を２つ示します」 「今の悪い例のどこに問題があったか，プレゼントを渡してくれた相手はどう感じるか，どのように受け取ると良いかについて，各自でワークシートに書きましょう」 「ワークシートに書いたらグループで内容を交流し，グループ内で良い受け取り方のロールプレイをしましょう」 「リーダーは，グループで行ったロールプレイについてクラスのみんなに発表してください」	
「今日は人からプレゼントを受け取る時に大事なことを学習しましたね」 「もらったプレゼントがすでに持っているものだったりあまり欲しくないものだったりしても，お礼を言って，感謝の気持ちを伝えましょう。そしてさらに不満を言わない，プレゼントの値段なんか聞いてはいけませんよ」 「前回行ったように，プレゼントは相手を思って選ぶのですから大変なことなのです。そうやって選んでくれたプレゼントです。お礼を言って受け取り，大事にしましょう」	◎人からプレゼントをもらった時には感謝を伝える ⇒すでに持っている，あまり欲しくないものであっても，不満を言わずにお礼を伝える ◎プレゼントの値段を尋ねない

教材資料 8-2 モデルの台詞

悪いモデル①

> プレゼントをあげる人（A）：友だちに誕生日プレゼントを渡す
> プレゼントをもらう人（B）：誕生日プレゼントをもらうが，感謝の意を伝えず置いて帰る

A：Bくん，今日誕生日でしょ。これプレゼント。
B：え，くれるの？
A：うん。
B：お，マンガじゃん。
　（一瞬見て，プレゼントを別の場所に置く。携帯電話を見て）
B：やべ，今日早く帰らないといけないんだった。じゃあ帰るわ。
　（プレゼントを置いて帰る）

悪いモデル②

> プレゼントをあげる人（A）：部活動の後輩にお土産を渡す
> プレゼントをもらう人（B）：先輩からお土産をもらうが，自分が嫌いなものでCと交換しようとする

A：夏休みに北海道に行ってきて，二人にお土産買ってきたんだよ。はい，これとこれ。
　（BとCにそれぞれお土産を渡す）
C：マジっすか！？
B：先輩，中見てもいいですか？
A：お，いいよ。二人が好きそうなのをそれぞれ選んだんだよ。
　（BとCは袋を開ける）
B：うわー，オレこのお菓子好きじゃないんだよなぁ。あ，そっちの方がいいな！　なぁ，C，オレのと交換しよう。
C：（驚いた表情で）あ，ああ……。

良いモデル③

> プレゼントをあげる人（A）：友だちに誕生日プレゼントを渡す
> プレゼントをもらう人（B）：誕生日プレゼントをもらい，感謝の意を伝える

A：Bくん，今日誕生日でしょ。これプレゼント。
B：え，くれるの？
A：うん。
B：お，マンガ漫画じゃん。これ読みたいと思ってたからすげー嬉しい！　ありがとう！
　（マンガをカバンにしまう）
B：（携帯電話を見て）
　　やべ，今日早く帰らないといけないんだった。じゃあ帰るわ。プレゼントありがとう！

教材資料 8-3　　モデルの台詞

悪いモデル①

> プレゼントをあげる人（A）：友だちに誕生日プレゼントを渡す
> プレゼントをもらう人（B）：誕生日プレゼントをもらうが，プレゼントの中身に不満を言う

A：Bくん，今日誕生日でしょ。これプレゼント。
B：え，くれるの？
A：うん。結構選ぶのに時間かかったんだよね。開けてみてよ！
B：（プレゼントを開ける）うわ，これもう持ってるやつじゃん。いらねぇ。

悪いモデル②

> プレゼントをあげる人（A）：友だちに誕生日プレゼントを渡す
> プレゼントをもらう人（B）：誕生日プレゼントをもらって，値段を尋ねる

A：Bくん，今日誕生日でしょ。これプレゼント。
B：（プレゼントを開ける）お！　バッグじゃん。いいね。いくらだった？
A：え？
B：だから，このバッグいくらだった？
A：あ，うん。3000円だけど……。
B：オレが前にあげたプレゼントの方が高いじゃん！　損した気分だ。

配布物 8-2　　「 プレゼントの受け取り方」ワークシート

「プレゼントの受け取り方」ワークシート

氏名 _____

悪いモデル①について

(1)　B くんのプレゼントの受け取り方のどこに問題があったでしょうか。

(2)　プレゼントを渡した A くんはどのように感じたでしょうか。

(3)　どのように受け取ることが良いでしょうか。

良いモデル②について

　(1)　Bくんのプレゼントの受け取り方のどこに問題があったでしょうか。

　(2)　プレゼントを渡したAくんはどのように感じたでしょうか。

　(3)　どのように受け取ることが良いでしょうか。

138

①悪い例を提示する。
・もらったプレゼントの文句を言う。
・プレゼントの値段を尋ねる。

②グループごとに，適切な受け取り方について話し合う。

③グループ内で受け取り方をロールプレイする。

④リーダーが全体の前でグループでのロールプレイについて発表する。

9 ▶ 自己理解

　何が好きで何が嫌いか，また，何が得意で何が不得意か，何ができて何ができないかなどということを，自分自身が知っておくことは，中高生以降の学業や部活動，仕事や生活をするうえで大切である。自分にとって苦手だけれど挑戦したい，好きだからやり続けたい，という時に，どのようにすればよいか考えられるようになるからである。今回は，自分について理解するスキルを取り上げる。

こんな子いませんか？　**自分に自信をもてないAさん**

　Aさんは，先頭に立つタイプではなく，おとなしく周りの意見に「それでいいよ」と何でも迎合するタイプ。ある日，5，6人の女子のグループが，男子のBくんが「気持ち悪い，気にくわない」ので，「徹底的に無視しよう」とAさんにも言ってきた。Aさんは，Bくんを悪くは思っていなかったが，自分だけやらないと，今度は，その女子のグループから排除されてしまうことが分かっていたため，強く言えず，結局は，皆と一緒に「無視する」ことにした。

　家に帰ってから「ひどいことをしてしまった。私はあんなことしたくなかったのに，どうして私は他の人の言いなりになってしまうのだろう」と思った。

自己理解

1 目標

・自分がどのような性格か振り返ることができる。

・他者から見た自分の性格を受け入れることができる。

	活動	配慮事項・教材
テーマの教示5分	●テーマとその意義の確認 ・自己理解をテーマに学ぶことを伝える。	テーマの意義を参加生徒の日常生活に即して伝える。
モデリング10分	●他者評価のモデルを示す ・自己理解のために行う他者評価について知る。 ・悪いモデルと良いモデルを示し，自己理解につながる他者理解を知る。	教材資料 9-1
スキルの教示10分	●人の性格を表す言葉について知る ・リフレーミングについて説明する。 ●自己評価をする ・ワークシート①に沿って，自己評価を体験する。	配布物 9-1
ロールプレイ・フィードバック15分	●他者評価の実施　授業例 9-1 ・グループで「コミュニケーションゲーム」を実施する。 ・ワークシート②に沿って，他者評価を行う。 ・他者評価の発表後，グループのメンバーから自分の性格について書いた付箋を受け取る。 ●ジョハリの窓を完成する ・ワークシート③に沿って，自己評価と他者評価で得た付箋を4つの枠に振り分けて貼る。 ・自己評価と他者評価で気付いたことをグループで共有する。	配布物 9-2 配布物 9-3 互いの性格を理解するために，他者評価を実施することを伝える。
まとめ10分	●まとめ ①自分から見た自分自身と他者から見た自分の違いを知る ②自分では短所と考えても，視点を変えることで長所にもなりうると知る ③自分も他者も選ばなかった言葉は，新しい自分の可能性であると知る	

2　準備する物　「ジョハリの窓」ワークシート①〜③〈配布物9-1，9-2，9-3〉，付箋，コミュニケーションゲームで使う質問カード

3　留意点

　進学や就職に向けて，自己の特性の理解は重要である。また自己肯定感の低い生徒には，肯定的な言葉を用いた自己評価や他者評価で自己の性格の理解を深めると良い。

教師の教示例	板書例
「今日は自己理解をテーマとしたいと思います。皆さんは，自分がどんな性格か知っていますか。また，自分はこんな性格になりたいと思ったことはありましたか。そんな自分についての理解を深める学習です」	今日のテーマ　「自己理解」 自分はどんな人？ 自分はどんな性格？
「自分の性格を理解するために他の人から自分がどのように見えるか，つまり他者評価というものを行います」 「他者評価のモデルを2つ示します。1つ目を見てください」 「どうでしたか。なんか感じ悪いですよね。どんなところが気になりましたか」 「2つ目のモデルです」 「今度はどうでしたか。どのようなところがよかったですか」	モデル1 モデル2 ※出た意見を書き出す
「人の性格を表す言葉には，『優しい』『明るい』など肯定的なもの，逆に『暗い』『消極的』など否定的なものもあります。2つ目のモデルで示したように，見方を変えると否定的なものでも肯定的な表現にできます。これを『リフレーミング』と言います」 「リフレーミングは人に言う時だけではなく，自分のことにも使えますよ」 「今回は，自分の性格を肯定的にとらえてもらいたいので，否定的な表現を思いついた場合には，リフレーミングで肯定的な言い方に変えてみましょう」 「それでは，ワークシート①に沿って，自分の性格に合っていると考える単語が書かれた付箋を全て選び，下の枠へ移動させてください」	リフレーミング 　否定的な表現 　　↓ 　肯定的な表現
「次にグループで『コミュニケーションゲーム』を実施します。箱の中から質問カードを引き，書かれた質問に答えるゲームです。一人ずつ順番に行います」 「コミュニケーションゲームでのやり取りも参考に，ワークシート②に取り組みます。グループの他のメンバーの性格に合うと思う単語が書かれた付箋を全て選び枠へ移動させましょう。自分で考えた言葉を書いた付箋を動かしても良いです」 「グループのメンバーと，他者評価の結果を伝え合います。他者評価は，例えば『Aさんは真面目で，聴き上手だと思います。どうしてかというと……』のように，性格とそう考えた理由を伝えるようにしましょう。全員の発表が終わったら，他のメンバーが選んだ自分の性格についての付箋を受け取ります」 「次にワークシート③です。自己評価と他者評価で得た付箋をジョハリの窓の4つの枠に振り分けて貼ります。比較して，感じたことを記入しましょう」 「自己評価と他者評価の相違点や類似点などをグループで発表しましょう」	ジョハリの窓 自分も他人も知る自分 / 自分は知らないが，他人が知っている自分 自分は知っているが，他人は知らない自分 / 自分も他人も知らない自分
「自己理解をテーマに活動を行いました。自分では気付かない自分の良いところを発見できたのではないでしょうか。今日の学びを生かして，自分の理解に役立ててください。自分に自信をもって生活してほしいと思います」	①自己と他者の見え方の違い ②短所も見方によれば長所 ③新たな可能性の気付き

教材資料9-1　　モデルの台詞

> **モデル1（悪い会話）**
> Aさん「私はどんな性格だと思いますか」
> Bさん「あなたは，暗いと思います。なぜなら，朝『おはよう』と声をかけても返事してくれないし，何を考えているのか，自分で意見を何も言わないからです」
> Aさん「はい，たしかにそういうところはあると思います。反省します（しゅんとしてしまう）」

> **モデル2（良い会話）**
> Aさん「私はどんな性格だと思いますか」
> Bさん「あなたは，おとなしいので，なかなか話す機会がないのですが，話をすると，落ち着いていて他人の話をよく聞いてくれる人だと思います」（「暗い」のリフレーミング）
> Aさん「はい，たしかにそういうところはあると思います。自分ではあまりよくないと思っていましたが，そう言われると自信がつきます」

配布物9-1　　「ジョハリの窓」ワークシート①

> ### 「ジョハリの窓」ワークシート①
>
> 1.以下の10個の言葉を付箋に書き，自分の性格に合うと思うものを選び，下に移動させましょう。
>
> | | | |
> |---|---|---|
> | 几帳面な | 慎重な | ユニークな |
> | 積極的な | 真面目 | 話し上手 |
> | 優しい | 明るい | 聞き上手 |
> | リーダー性がある | | |
>
> 自分の性格に合うと思う言葉は？

配布物 9-2 「ジョハリの窓」ワークシート②

「ジョハリの窓」ワークシート②

1.以下の10個の言葉を付箋に書き,メンバーの性格に合うと思う言葉を選び,下の枠に移動させましょう。
　また,自分で考えた言葉を白紙の付箋に書いて使ってもよいです。

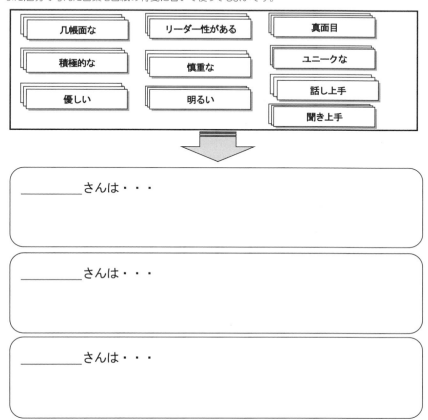

几帳面な	リーダー性がある	真面目
積極的な	慎重な	ユニークな
優しい	明るい	話し上手
		聞き上手

_____さんは・・・

_____さんは・・・

_____さんは・・・

2. 他の人からもらった付箋を, 下の吹き出しの中に貼りつけましょう。

　　「ジョハリの窓」ワークシート③

「ジョハリの窓」ワークシート③

1．自己評価と他者評価で得た付箋を下の４つの枠に当てはめてみよう。

A：自分も他者も選んだ単語	B：自分では選ばなかったが、他者が選んだ単語
C：自分で選んだが他者は選ばなかった単語	D：自分も他者も選ばなかった単語

2．完成したジョハリの窓を見て，感じたことを書きましょう。

授業例9-1　他者評価の実施

①グループ内で「コミュニケーションゲーム」を
実施する

「好きな色は何です
か」で，私は……

②他のメンバーに合っていると思う単語の付箋を全
て選び，枠へ移動させる。

明るい
話し上手

③他者評価を伝えるための良いモデルを提示する。

Aさんは真
面目で，聞
き上手だと
思います。
どうしてか
と言うと，
……

④グループ内で，他者評価し合った結果を伝え合う。

Aさんは明るくて，話
し上手だと思います。
理由は……。

※「コミュニケーションゲーム」は，下のようなテーマが書かれたカードを一枚引き，答えるゲー
ム。全員がカードを引き，それぞれ答えていく。ゲームのやり取りをもとに，どんな性格か，他
者評価を行う。

コミュニケーションゲームで使う質問カードの例

好きな色は何ですか。	タイムマシーンがあったら どこに行きますか。	犬にほえられたらどうしま すか。
無人島に１つだけ持っていく なら何を持っていきますか。	夏休みの宿題は先にやりま すか。最後にまとめてやり ますか。	

10 職業について理解を深める

　社会で自立していくためには，何らかの形で就業し自活できるようにすることが必要だ。自分で選んだ仕事が実際にやってみると，能力的にとてもできないことだった，とても嫌いなことだった，自分に合わないことだった，など，就業してしまった後に，後悔しても始まらない。そうならないため，その職業がどのようなものか，知識として知っていることも大切である。一概に職業と言っても，いろいろな側面がある。社会に出る前に，多面的に見ることができ，自分の将来につなげられるようになるとよいと思う。ここでは職業についての話し合いを通して具体的に理解を深めていくスキルを高める。

こんな子いませんか？　コンビニで働きたい

　Aくんは，コンビニで働きたいと思いました。それは，コンビニには，いろんな欲しいものがたくさんあるからです。自分の好きなものに囲まれていたいと思いました。しかし，アルバイトとして働いてみると，「いらっしゃいませ」「ありがとうございました」の挨拶，レジ打ち，品出しなどいろんな仕事がありました。恥ずかしくて，特にお客様に対して「いらっしゃいませ」がなかなか言えなくて，店長に怒られてしまいました。

職業選択の前に

1 目標
・自分の好きなことや得意なことについて細かく知る。

	活動	配慮事項・教材
テーマの教示 5分	●テーマとその意義の確認 ・思春期・青年期の子は，自分の短所・欠点に目がいきがちである。他者から肯定的な評価をしてもらうことで，自尊心も高まり，自信もつくことを学ぶ。	メンバーの好みや得意なことが重ならないように，多様なメンバーでグループを構成するように工夫する。
モデリング 10分	●悪いモデルの提示 モデル1 ・好きなことや得意なことがなく，嫌いなことや不得意なことばかり出てきてしまう会話。自己PRに結び付きにくいこと（寝ること，食べること）がたくさん出る。 ・悪かった箇所を全員で共有する。 ●良いモデルの提示 モデル2 ・全員が積極的に助言する，リフレーミングができている。 ・良かったところを全員で共有する。	教材資料 10-1 出てきた意見は板書し，全体で共有する。
スキルの教示 10分	●自己PRシート作成	配布物 10-1
ロールプレイ・フィードバック 15分	●自己PRシートをもとに，グループで話し合う ・他の人からは自分はどう見えるか尋ねる。	自己PRシートの発表。例文を参考に，その人の特徴を付け加えて，話し合う。
まとめ 10分	●自己理解の必要性をまとめる ・「適材適所シート」を読み，どんな仕事なら得意が生かせそうかグループで話し合う。 ・将来的に職業を考えるためにも，自己理解が必要。 得意で好きなことを生かせる仕事を考えるように伝える。 ・自己理解をすることは，自分の良いところを見つけ自信をもつことにつながる。	配布物 10-2

2 　準備する物　　自己PRシート〈配布物10-1〉，適材適所シート〈配布物10-2〉

3 　留意点

　　自分の特徴を，どのような職業選択につなげられるか考えてイメージを少しでもふくらませてもらうようにする。

教師の教示例	板書例
「今日は，自己PR につなげられるような自己理解，自分の好きなことや得意なことを考える活動を行います」 「自分のことは当然理解しているよ，と思うかもしれませんが，今後学校を卒業し，就職を考える際に，自分の好きなこと，得意なことを理解しておくことはとても重要です。今後も変わるかもしれないですが，自分は何がしたいのかということにつなげるためにも，自分をさらに理解してみましょう」 「また，好きなことや得意なことがわかると，自分への自信にもつながりますよ」	本日の活動 ・自分の好きなことは？ ・自分の得意なことは？ →自己PR につなげる自己理解 ＝自分を理解すること ＝自分への自信
「これから自分の好きなこと・得意なことを発表している２つのモデルを示します。どのような内容を挙げているかに注意して見てください」 「１つ目のモデルはどうだったでしょうか。嫌いなこと不得意なことばかり出ていましたし，寝ることや食べることなど自己PR に結び付けにくい内容も多かったですね」 「２つ目のモデルはどうでしょうか。全員が積極的に発言していましたし，リフレーミングもできていました」 「話し合う時は，自己PR につなげられる内容が積極的に出し合えるように，リーダーがメンバーに促すことも大事ですね」	モデル１ モデル２ ※意見を板書する。 自己PR 自分の良いところを考えてみよう
「自己PRシートを作成しましょう。最初に，左側のステップ１の囲みの中を見て，自分に関係があると思った言葉に〇を付けてください。次にステップ２に取り組み，自分の強みを文章にしてみましょう」	
「自己PRシートに記入した内容について，グループで話し合い，他のメンバーの好きなこと，得意なことは何か理解しましょう」 「他のメンバーと話し合って気付いた自分の強みは，自己PRシートのステップ３に付け加えて記入していきます」	
「自分の好きなこと，得意なことを意識できましたか」 「好きなこと，得意なことを生かした職業にはどんなものがありそうか，『適材適所シート』を見ながらグループで話し合ってみましょう」 「どんな仕事が好きなことや得意なことを活かせそうか，シートで見つかりましたか。自分を理解し，好きなこと・得意なことを知ることは，自信にもつながりますし，職業選択にも役立ちます。より良い人生を送るための第一歩にもなりますよ」	自己理解 自分 特技，長所など ↓ ①職業選択に役立つ ②自信がつく ③良い人生への一歩

教材資料 10-1 　自己理解を深める話し合いのモデル

モデル1　悪い話し合い　　A：リーダー，B・C：メンバー

・好きなことや得意なことがなく，嫌いなことや不得意なことばかり出てきてしまう

・自己PRに結び付きにくいこと（寝ること，食べること）がたくさん出る

A：「では，自己PRにつなげられるような自分の得意なことを発表してもらいますけど，誰か思いついた人から勝手に言ってください」

B：「僕は，計算が苦手だし，英語も話せないな」

C：「僕は，アイスクリームを食べるのが好きなんだよね，お寿司を食べるのも好きだな，寝ているのも好きです。マンガを読むことも大好きです」

A：「僕はなんだろ，僕はたぶんCさんと同じく食べることが好きだし，マンガも好きです」

モデル2　良い話し合い　　A：リーダー，B・C：メンバー

・全員が参加する

・みんなが自己PRに生かせるような得意なことを見つけられるように積極的に助言する

・リフレーミングができている

A：「では，自己PRにつなげられるような自分の得意なことを発表してもらいます。誰か考えついた人は言ってみませんか」

B：「僕は，自分に自信がないのですが，虫とか電車ならよく知っています」

A：「なるほど，虫とか電車とかですね。私も好きですよ。他にCさんはどうですか」

C：「僕は勉強は苦手なんですけど学校は休んだことがありません」

A：「学校を欠席したことがない，というのはすごいですね。毎日健康管理をきちんと行っているということでしょうね」

B：「Cさんはすごいですね。私はそこまでできないな」

A：「私は，自分から人に話すのは苦手だけれど他の人の話を聞くのは得意です」

B：「たしかに，Aさんはそういう人だと思います。人の言うことをよく聞いてくれますから協調性があるのかと思います」

C：「私もそう思います。一度学校帰りに，Aさんは，私の悩みを聞いてくれました」

配布物 10-1　自己PRシート

自己PRシート

仕事に生かせる強みを考えよう

氏名 _____

～ステップ1～

過去を振り返って、これまでに自分が取った行動や趣味と関連したキーワードを下から1つ選んで○を付けましょう。

- ● 好奇心が旺盛
- ● 粘り強さがある
- ● 正義感・責任感がある
- ● 思いやりがある
- ● 臨機応変である
- ● 健康的で体力がある
- ● 協調性がある
- ● 行動力がある
- ● 機械に詳しい・強い
- ● 集中力がある
- ● (　　　　　　)

～ステップ2～

ステップ1で選んだキーワードについて、次の質問を埋めながら、下の例文のように、自分の強みを文章にしてみましょう。（質問は書き込める項目だけで大丈夫です）

[いつ?]
(　　　　　　　　　　　　)

[どこで?]
(　　　　　　　　　　　　)

[誰に?]
(　　　　　　　　　　　　)

[どれくらい?]
(　　　　　　　　　　　　)

[何をした?]
(　　　　　　　　　　　　)

～ステップ3～

グループのメンバーから他にも強みとして生かせそうなキーワードを挙げられたら○を付けましょう。

- ● 好奇心が旺盛
- ● 粘り強さがある
- ● 正義感・責任感がある
- ● 思いやりがある
- ● 臨機応変である
- ● 健康的で体力がある
- ● 協調性がある
- ● 行動力がある
- ● 機械に詳しい・強い
- ● 集中力がある

例文 「私の強みは～だと思います。その理由は[いつ?]の時に[どこで?]、[何をした?]経験があるからです。」

「私の強みは～です。その理由は、[いつ?]の時に[何をした?]して、[誰に?]に、～と言われたことがあるからです。」

配布物 10-2 適材適所シート

「適材適所シート」 氏名

【企業A】

《求める人材》
・地元愛が強い
・どんな意見にも素直に耳を傾けられる
・パソコンが扱える

社長から一言。
ムラづくりが大事になってきます。地域住民が暮らしやすい環境を作るために、一緒に働くチームです。町の将来のためにともに汗を流しましょう。

【企業B】
《求める人材》
・責任感が強い
・注意深い
・思いやりがある
・集中力がある

社長から一言。
お客様の大事なものを取り扱うために、仕事には丁寧さが求められます。細かい作業が多いので、器用な人に向いています。

【企業C】
《求める人材》
・知的好奇心にあふれた人
・行動力がある
・几帳面
・注意深い人

社長から一言。
絵画や動植物、など幅広い分野から自分の興味・関心のあるものに対し、専門的な知識を持っていることが望ましい仕事です。研究が大好き！

【企業D】
《求める人材》
・正義感が強い
・協調性がある
・とにかく体力がある人！
・記憶力があり注意深い人

社長から一言。
地域住民が安心・安全に暮らせるための、重要な職業です。責任感が問われる仕事ですが、そのやりがいを感じることも多いと思います。

【企業E】
《求める人材》
・前向きに物事が考えられる
・行動力がある
・協調性がある
・臨機応変に対応できる

社長から一言。
国内外のネットワークを張り巡らせて、物品を輸出入しています。各地の情報をいかに迅速に手に入れて販売に結びつけるかが勝負です。

【企業F】
《求める人材》
・思いやりのある人
・体力に自信がある人
・我慢強い
・臨機応変

社長から一言。
お客様の身の回りの生活をサポートする仕事です。お客様の側に立って仕事をするので、思いやりの気持ちが大切です。

【企業G】

《求める人材》
・思いやりがある
・聞き上手
・計画的な人
・行動力のある人

社長から一言。
お客様がどんなことを望んでいるのかを細かく聞き出し、希望に沿ったプランを提案する仕事です。旅行が好きな人が向いていると思います。

【企業H】
《求める人材》
・機械に強い
・注意深い
・几帳面
・計算が強い人

社長から一言。
細かい数字を扱い、コンピューターに入力していく作業が大半を占めている仕事です。したがって、ミスをしない注意深さが重要になってきます。

【企業I】
《求める人材》
・とにかく忍耐力がある
・とにかく体力がある
・研究熱心
・粘り強い

社長から一言。
すぐに結果の出るような仕事ではなく、長期的な作業が必要な職業です。農業・食品・自然などの分野に強い関心がある人が望ましいです。

職業について

1 目標

・職業について詳しく知るために，自分で調べる方法を身に付ける。

・職業に対する自分や他人がもっている印象と実際との違いについて考える。

	活動	配慮事項・教材
テーマの教示5分	●テーマとその意義の確認 ・自分に合った職業生活を送ることで，幸福度の高い人生を送ることができる。そのためには職業への理解を深めることが不可欠であり，そのスキルを学ぶことを伝える。	テーマの意義を参加生徒の日常生活に即して伝える。
モデリング10分	●悪いモデルを示す ・ネットだけの情報で調べる。 ●良いモデルを示す ・仕事の本質や理念について，様々な方法で調べる。 ●職業を調べる方法としてマインドマップを取り上げる ・職業への理解を深める方法としてマインドマップを紹介し，作り方を練習する。 ・「看護師」について調べて発表するというモデルを示し，どのような調べ方がよいかを確認する。	教材資料 10-2 注目すべきポイントを伝える。
スキルの教示10分	●グループで調べる活動をする ・グループごとに職業を決め，仕事の内容や資格取得などについて調べる。 ・調べた結果を3つのポイントを入れた文章にまとめて発表の準備をする。	話し合う時の発言のコツは，いつでも見られるように前の黒板に示しておく。
ロールプレイ・フィードバック15分	●調べた結果を発表し，共有する ・どんな職業か，どうすればなれるかについて発表を生かしてさらに理解を深める。	
まとめ10分	●まとめ ・職業について調べることの意義，マインドマップなどのように視覚化・構造化する大切さを再度確認する。 ・職業について，家族や友だちと話し合うきっかけになるように促す。	

2　**準備する物**　マインドマップを書くための用紙（大きめの紙を各グループに1枚），タブレットなどインターネット検索のできるもの

3　**留意点**

　興味のある職業について調べることを通じて，自分の興味や向き・不向きを知り，友人や家族と話し合えるようにする。

教師の教示例	板書例
「大人になったら，生活のため，自分の夢をかなえるために職業につきます。どんな職業を選ぶかで，人生の充実感が違ってきます。なりたい職業，興味のある職業と出会うためには，その職業を詳しく知ることが欠かせません。今日は職業の調べ方，理解の深め方について学びます」	テーマ なりたい職業，興味のある職業を詳しく調べる
「職業への理解を深める方法の一つとして，マインドマップを紹介します」 「マインドマップは，紙の真ん中にテーマを置き，テーマから連想される情報を線でつなげながら書いていく方法です」 「例えば，病院で一生懸命働いている看護師さんを例に，マインドマップを作ってみますよ（真ん中に「看護師」と示す）」 「看護師さんを考えた時に思い浮かぶことは何ですか（生徒の発言を促し，発言した内容を書き込み，マインドマップを展開していく）」 「次に，より詳しく調べてみましょう。○○さんは，インターネットで看護師の仕事の内容を調べて発表してみてください」 「△△さんは，どうすれば看護師になれるか調べてみてください」 （調べ方や，調べる時の観点を具体的に示し，実際に調べる活動を行う。調べたことをマインドマップに反映していく）	例　　病院 看護師 採血　　大変 板書例10-1
「グループで一つの職業を決め，分担して調べましょう。調べた結果は，マインドマップにまとめ，後ほど発表してもらいます」 「発表する時には，図を見せ，次の3つのポイントを入れて話せるように準備しましょう（板書を示す）」	①私は，○○について調べました。 ②……によると……と書いてありました。 ③自分が思っていたことと……が違いました。
「調べた結果を，みんなの前で発表しましょう。グループのリーダー，お願いします」 「今の発表をふまえて，どんな職業か，どうすればなれるか，クラスのみんなでさらに話してみましょう」	職業 (1)どんな職業か (2)どうすればなれるか
「今回は職業について調べてみました。自分のなりたい職業はありましたか。気になる職業を，他にも調べてみましょう。そして，家族の意見も聞くなど，職業について話す機会をもちましょう」	

教材資料 10-2　職業についての調べ方・発表の仕方のモデル

悪いモデル
　私は看護師についてネットで調べてみました。
　○○病院は見習いだとお給料が 10 万円と書いてありました。
　私は○○病院では働きたくないです。
（個別の病院の事例のみ，調べた目的が金額のみ）

良いモデル
　私は看護師についてマインドマップを作りました。ネットや図書館で本を借りて調べてみると，健康を
　サポートする職場で患者の生活を見守る仕事だと書いてありました。
　また，他の作業療法士・理学療法士・言語聴覚士などのスタッフとも一緒に働くとのことでした。
　私は病院にはお医者さんと看護師さんしかいないと思っていたのですが，他にもいろんな専門の人が
　いて，みんなと協力していくことを初めて知りました。
（看護師の仕事の本質や理念について調べている）

板書例 10-1　看護師についてのマインドマップの例

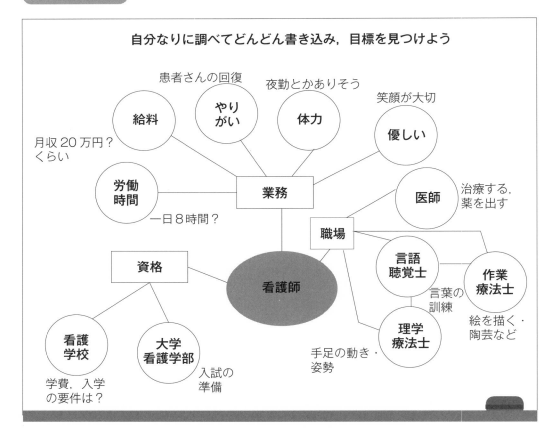

11 ▶ 働く上で必要なスキル

　働くことは，社会に貢献し，その対価として賃金を得，自立した生活を送ることにつながる。しかし，働く時に，周りの人とうまくコミュニケーションが取れないと，離職につながるケースも多い。そのため，就労する前に，職場でのコミュニケーションの取り方について学習しておく必要がある。

　その中心は「報告・連絡・相談」である。ここでは，メモを取るなどの指示の聞き方，分からないことの尋ね方，注意された時の対応，報告の仕方，援助・協力の求め方についてのスキルを提示する。

こんな子いませんか？　**分からないことを伝えられず仕事ができないＡくん**

　Ａくんは，上司に，「ちゃんとやっておけよ」と言われるが，「何をちゃんとやっておくのか分からない」ことがよくある。その時に，「すみません，何をやるのか，もう一度言ってください」「お忙しいところ失礼します。○○が分からないので，教えてください」など，上司に質問できないために，仕事が終わる時間になっても何もできていない。また，注意や指導をされた時に「自分はダメなんだ」と落ち込んでしまい，「次から気を付けます」と言えない。

　そのため上司は，この人は何もできないのだと思って「何もやっていないなんてなにごとだ！」と怒ってしまう。

指示の聞き方

1　目標
・仕事を正確に，スムーズに行う上で指示を聞くことの必要性を理解する。
・指示の聞き方のポイントを理解し，実践することができる。

	活動	配慮事項・教材
テーマの教示5分	●テーマとその意義の確認 ・仕事をする上で適切に指示を聞き，確認することの必要性を確認する。	テーマの意義を参加生徒の日常生活に即して伝える。
モデリング10分	●悪いモデルの提示（後輩と先輩） ①指示を聞くときに相手を見ずうなずきを全くしない。 ②うなずいたり返事をしたりしながら指示を聞くが，作業を行うとミスをする。 ●良いモデルの提示（後輩と先輩） ③ポイントを踏まえた指示の聞き方と確認の仕方を覚える。 ・モデルの悪い点，良い点について意見を発表する。	モデルの注目すべきポイントを伝える。 悪いモデルの内容は生徒の実態に応じて設定する。 教材資料 11-1
スキルの教示10分	●指示の聞き方のポイントを確認 ・指示の聞き方のポイントを提示する。	教材資料 11-2 教材資料 11-3 ポイントをパワーポイントやピクチャーカードで提示する。 メモの許可や復唱，返事をすることで，メモが取りやすくなることを伝える。
ロールプレイ・フィードバック15分	●指示の聞き方のロールプレイ①　授業例 11-1 ●指示の聞き方のロールプレイ②　授業例 11-2 ●良かった点のフィードバック ・グループごとのロールプレイについて，自己，他者チェックをシートに記入してもらい，ポイントに沿って良かった点を指導者が伝える。	ロールプレイ②の指示内容は生徒の実態に応じて 教材資料 11-4 のように難易度を調整する。 配布物 11-1 教材資料 11-4
まとめ10分	●まとめ ・指示の聞き方のポイントを確認する。	

2　準備する物　指示の聞き方まとめシート〈配布物11-1〉，その他ロールプレイに必要な道具（クリアファイルなど）

3　留意点

　指示を聞く，確認する態度によっては，相手に不快な思いをさせることがあると理解させる。また，働く上で必要な他のスキルを学習する際にも，メモを取るようにさせて慣れさせる。

教師の教示例	板書例
「仕事をスムーズに行うためには何が必要でしょうか。そうですね，何を，どのように行うか，しっかり理解して取り組むことが大切です。今日は，仕事を進める時に困らないための指示の良い聞き方について勉強しましょう」	指示の聞き方
「これから指示の聞き方の2つのモデルを見てもらいます。後輩の指示の聞き方に注目してください」 「今の2つのモデルはどこが悪かったでしょうか。どうしたら良いでしょうか」 「次のモデルはどうでしょうか」	モデル①：指示を聞いているのか分からない モデル②：指示された内容を忘れてしまっている モデル③：メモを取りながら指示を聞いている
「指示を聞く時のポイントは，①『メモをとってもよいですか』とメモの許可を取ること，②メモを取りながら，相手の言った内容を復唱すること，③話の区切りごとに『はい』と返事をすること，④最後に相手を見て『分かりました』と言うことの4点です」 「メモを取ることで，その時言われたことを忘れてしまってもメモで確認ができます」	指示を聞く時のポイント ①「メモを取ってもよいですか」と尋ねる ②メモを取りながら，相手の言った内容を復唱する ③話の区切りごとに「はい」と返事をする ④最後に相手を見て「分かりました」と言う
「これから，ロールプレイ①を行います。作業指示をする先輩役と指示を聞く後輩役に分かれてもらいます。後輩役は，先輩を見ずに，返事や復唱もしないで聞きます。終わったら，役割を交代してください」 「先輩役をやってみて，どのように感じましたか」 「ではロールプレイ②を行います。まずは，先生が代表の人に指示をするので代表の人は指示を聞き，作業を行ってください。みなさんは代表の人が先ほどの4つのポイントを意識してできているか見ていてください。次に，グループごとに先生役と作業をする人の役に分かれてロールプレイを行います。全員が作業役と先生役をするまで繰り返します」 「作業役を終えたら，自分のロールプレイを振り返って，適切な方法で指示を聞くことができたか，自己評価して用紙に記入してください。他者評価も聞いて，記入しましょう」	ロールプレイ① ・指示した内容が伝わっているのか分からない ・やる気がないように感じる ※生徒の意見を板書する。 ロールプレイ②
「今日は，指示の聞き方を学習しました。適切な方法で指示を聞くことの大切さや，指示を聞く時に気を付けるポイントは分かりましたか」	指示を聞く時のポイントを再度提示。

教材資料 11-1　指示のモデル例

悪いモデル①
先輩「これからやる仕事について説明するので覚えておくようにしてください」
後輩「はい，分かりました」（自分の仕事をしながら相手を見ずに答える）
先輩「これから不良品のチェックについて説明します」
後輩「はい」（自分の仕事をしながら相手を見ず，うなずかない）
先輩「ベルトコンベアを横上方から見た時に，列が乱れているところに注目して，何か変わったところはないか探してください。そしてベルトコンベアを一度止めて周りの物と違っている物を取り出します。いいですか」
後輩「はい」（自分の仕事をしながら相手を見ず，うなずかない）

悪いモデル②
先輩「これからやる仕事について説明するので覚えておくようにしてください」
後輩「はい，分かりました」（相手を見て答える）
先輩「これから不良品のチェックについて説明します」
後輩「はい」（相手を見てうなずく）
先輩「ベルトコンベアを横上方から見た時に，列が乱れているところに注目して，何か変わったところはないか探してください。そしてベルトコンベアを一度止めて周りの物と違っている物を取り出します。いいですか」
後輩「はい」（相手を見てうなずき，作業に取りかかる）
先輩「Aさん，さっき説明したのと違うやり方になっていませんか」
後輩「あ……」

良いモデル③
先輩「これからやる仕事について説明するので覚えておくようにしてください」
後輩「はい，分かりました。メモを取ってもよいでしょうか」
先輩「どうぞ。これから不良品のチェックについて説明します」
後輩「不良品のチェックですね。はい，分かりました」
先輩「ベルトコンベアを横上方から見た時に列が乱れているところに注目して，何か変わったところはないか探してください」
後輩「ベルトコンベアの横上方から見て列が乱れているところで変わったところはないか探すのですね。分かりました」
　　「はい，次どうぞ」
先輩「そして，ベルトコンベアを一度止めて周りの物と違っている物を取り出します。いいですか」
後輩「ベルトコンベアを一度止めて、周りと違う物を取り出す。はい分かりました。」

教材資料11-2　指示の聞き方のポイント（同時処理優位ならばこちら）

教材資料11-3　指示の聞き方のポイント（継次処理優位ならばこちら）

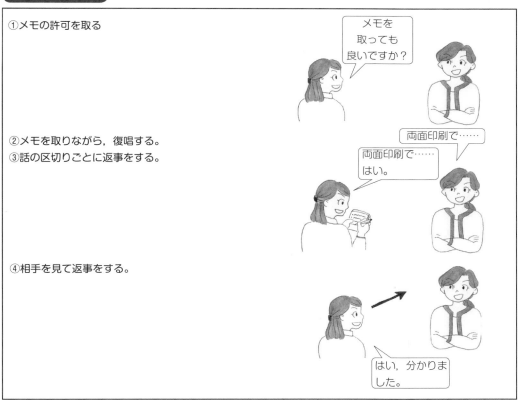

※イラストでスキルのポイントを分かりやすく提示する。両面印刷して生徒が分かりやすい方を選べるようにしてもよい。同時処理，継次処理の解説は，30pを参照。

教材資料 11-4　　指示の聞き方のロールプレイ②の指示書の例

指示の聞き方のロールプレイ②の指示書の例

Aパターン（難易度★☆☆）

単語を聞き取りメモするだけの指示内容とする。

・これから物品の在庫数のチェックをやってもらいます。
・これから言う物品のチェックをしてください。
・封筒，クリアファイル，名札フォルダー，のり，画用紙です。物品は後ろの机にあります。
・チェックはこのシートに記入してください。ではお願いします。

Bパターン（難易度★★☆）

単語とそれに対応する数字を聞き取りメモする指示内容とする。

・これから注文書の作成をやってもらいます。
・注文する商品は，「長3の封筒を100通」「A4のフラットファイルを50冊」「透明のA4サイズのクリアファイルを20枚」です。
・この注文書に，必要な箇所を記入します。
・品番，金額など詳しい内容は，商品カタログで確認してください。ではお願いします。

Cパターン（難易度★★★）

単語だけでなく動作を聞き取りメモしなければいけない指示内容とする。

・請求書の金額に誤りがないかチェックしてもらいます。
・請求書と納品書の2種類があるので，数量と金額を見比べます。
・そこで違う部分があれば，請求書の数値を訂正します。
・訂正の仕方は，誤っている箇所を二重線で消して，下に正しい数値を書いてください。
・最後に合計金額も，納品書とあっているかチェックしてください。ではお願いします。

配布物 11-1　　指示の聞き方まとめシート

1．指示の聞き方のポイント

メモの許可

メモ・復唱・返事

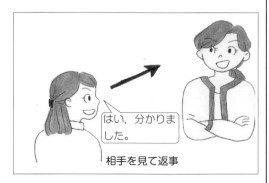

相手を見て返事

2．振り返り

ポイントを意識してできたか，チェックしてみよう！（できたら，○をつけよう）

	自己評価	他者評価
メモの許可		
メモ・復唱・返事		
相手を見て返事		

授業例 11-1　　指示の聞き方のロールプレイ①のやり方

①生徒の一人が指示書を見て指示を伝える。もう一人の生徒は下を向いて仕事をしているふりをする。

②互いにどのように感じたか意見交換する。

指示の例

┌───┐
│ 指示書（先輩役）　　（ノートパソコンで作業している後輩へ話しかける）
│
│ 自分：○○さん（ペアの相手の名前），ちょっといいかな。（後輩の反応を見る）
│ 後輩：……
│ 自分：お客様に送付する書類に間違いが見つかりました。（後輩の反応を見る）
│ 後輩：……
│ 自分：今からこの納品書を見て，請求書の金額のまちがいをすぐに直してください。（後輩の反応を見る）
│ 後輩：……
└───┘

┌───┐
│ 指示書（後輩役）　　（ノートパソコンで作業をしている）
│
│ 先輩：○○さん（自分の名前），ちょっといいかな。
│ 自分：（無視してパソコンを見ている）
│ 先輩：お客様に送付する書類にまちがいが見つかりました。
│ 自分：（無視してパソコンを見ている）
│ 先輩：今からこの納品書を見て，請求書の金額のまちがいをすぐに直してください。
│ 自分：（無視してパソコンを見ている）
└───┘

授業例 11-2　　指示の聞き方のロールプレイ②のやり方

①指導者が作業指示し，生徒はメモの許可を取る。

②復唱，返事をしながらメモを取る。

③指示の最後に「分かりました」と返事をする。

④指示された作業を行う。

同じ内容のロールプレイをグループで続ける

仕事の場面での質問の仕方

1　目標
・仕事をする上で分からないことを自分から質問することの必要性を理解する。
・質問の仕方のポイントを理解し，実践することができる。

	活動	配慮事項・教材
テーマの教示5分	●テーマとその意義の確認 ・仕事をする上で手順や流れを理解する際に指示を聞くだけでなく，分からないことを自分から質問することが大事であることを確認する。	テーマの意義を参加生徒の日常生活に即して伝える。
モデリング10分	●悪いモデルの提示（後輩と先輩） ①指示された仕事を行うが，分からないことを質問できずその場で作業が止まる。 ②仕事のやり方が分からない時に，先輩が上司と話をしている最中に質問する。 ●良いモデルの提示（後輩と先輩） ③ポイントを踏まえた質問の仕方をする。 ・モデルの悪い点，良い点について意見を発表する。	教材資料 11-5 悪いモデルの内容は生徒の実態に応じて設定。 他の悪いモデルの例 ・「分かりません」とだけ言う。 ・お礼を言わない。
スキルの教示10分	●質問の仕方のポイントを確認 ・質問の仕方のポイントを提示する。	配布物 11-2 配布物 11-3 ポイントをパワーポイントやピクチャーカードで提示する。
ロールプレイ・フィードバック15分	●質問の仕方のロールプレイ　授業例 11-3 ・パソコンで名簿を作る等の作業指示をし，生徒は指示された作業内容を行う。 ・ポイントを意識しながら分からないことを質問する。 ●ロールプレイの振り返り ・配布物 11-2　配布物 11-3　のポイントに沿って生徒が自己評価する。 ●良かった点のフィードバック ・ロールプレイについて，ポイントに沿って良かった点を指導者が伝える。	教材資料 11-6 配布物 11-4 職場で仕事を行う設定とし，スキルを自然と発揮する機会にする。 ロールプレイがうまくできなかった場合は，「振り返りシート」などを活用し，ポイントを確認する。
まとめ10分	●まとめ ・質問の仕方のポイントを確認する。	

2　準備する物　ロールプレイに必要な道具，振り返りシート〈配布物11-4〉など

3　留意点

　「指示の聞き方」を学習した後にスキルを活用して作業を行い，質問するスキルを発揮する場面を設定する。ロールプレイの課題内容を工夫し，作業を遂行する上で自然と質問しなければならない状況になるようにする。

教師の教示例	板書例
「今日は質問の仕方について勉強します」 「仕事をしている時に，やり方などが分からなくなることは誰でもあります。そのような時にはどのように対応したら良いでしょうか」 「そうですね。分からない時には，質問をして教えてもらう必要がありますね」 「では，職場の上司，先輩に質問をする時に，どのようなことに注意したら良いでしょうか」	仕事をしていてやり方が分からない時の対応
「これから質問の仕方の2つのモデルを見てもらいます。仕事をしている後輩の，やり方が分からなくなった時の対応に注目してください」 「今の2つのモデルはどこが悪かったでしょうか。どうしたら良いでしょうか」 「次のモデルはどうでしょうか」	モデル①：質問をしないで作業が止まる。 モデル②：話に割り込んで質問する。 モデル③：相手のタイミングを見て質問する。
「分からないことを質問する時のポイントは，①質問して大丈夫か，相手の状況を確認すること，②『お仕事中，すみません』と前置きをすること，③『〜が分からないので教えてください』と具体的に質問すること，④最後に『ありがとうございました』とお礼を言うことの4点です」 ※生徒の実態に応じて加える 「相手が他の人と話していたり，忙しい場合は質問することはできませんね。ただし，どうしても急がなければいけない内容の時などは『お話し中失礼します』と言って質問する必要があることもあります」	質問する時のポイント ①タイミング：相手の状況を確認 ②前置き：「お仕事中，すみません」 ③具体的な質問：「〜が分からないので教えてください」 ④お礼：「ありがとうございました」
「これから，グループでロールプレイをします。作業を指示する人と作業する役に分かれましょう。指示役は一人ずつに作業を指示し，作業役は指示された作業を行ってください」 「作業をしていて分からないことがあった時に，先ほどのポイントを意識して適切な方法で質問しましょう」 「自分のロールプレイを振り返って，適切な方法で質問することができたか，自分の評価を振り返りシートにチェックしましょう。他の人に見てもらった評価もチェックしましょう」	
「今日は，質問の仕方を学習しました。分からないことがあった時に自分から質問することの大切さや，質問する時に気を付けるポイントは分かりましたか」	質問する時のポイントを再度提示する。

教材資料 11-5 モデリングの例

悪いモデル①

先輩「じゃあBさん，今言ったとおり書類の整理お願いします。何か質問はありますか」

後輩「分かりました。質問はありません」

先輩「午後2時までに頼んだよ，よろしく（と言って，自分の作業に戻る）」

後輩「書類の整理を始めよう。……あれ，これはどうやって分けるんだろう。Aさんの説明にはなかったし分からないなあ。でも質問はないと言ってしまったし。どうしたらいいんだろう……（作業が止まってしまう）」

悪いモデル②

先輩「じゃあBさん，今言ったとおり書類の整理お願いします。何か質問はありますか」

後輩「分かりました。質問はありません」

先輩「午後2時までに頼んだよ，よろしく（と言って，上司（Cさん）との打ち合わせに行く）」

後輩「書類の整理を始めよう。……あれ，これはどうやって分けるんだろう。Aさんの説明にはなかったし分からないなあ。よし，もう一度Aさんに聞いてみよう」

（Bさんは，Cさん（上司）と打ち合わせ中のAさんを見つけてすぐに話しかける）

後輩「Aさん，さっき頼まれた仕事，整理の仕方が分からないのがあって困っているんですけど。時間がないんで，どうしたらいいか今すぐ教えてください」

先輩「すぐと言われても，今はCさんと打ち合わせ中で……」（驚きながら、答える）

良いモデル③

先輩「じゃあBさん，今言ったとおり書類の整理お願いします。何か質問はありますか」

後輩「分かりました。質問はありません」

先輩「午後2時までに頼んだよ，よろしく（と言って，上司（Cさん）との打ち合わせに行く）」

後輩「書類の整理を始めよう。……あれ，これはどうやって分けるんだろう。Aさんの説明にはなかったし分からないなあ。よし，もう一度Aさんに聞いてみよう」

（Bさんは，Cさん（上司）と打ち合わせ中のAさんを見つける。話が一段落したタイミングを見計らって話しかける）

後輩「（CさんとAさん両者に）お仕事中すみません。（Aさんの方を向いて）Aさん，先ほど依頼された書類整理ですが，分類が分からないものがあるので，教えていただけませんか」

先輩「不明な点があるんだね。11時には打ち合わせが終わる予定なので，それからなら時間がとれるよ」

後輩「ありがとうございます。では後ほどよろしくお願いします。お話し中失礼しました」

教材資料 11-6 質問の仕方のロールプレイの作業指示の例

・これからパソコンで名刺づくりの作業をやってもらいます。

・まず、パソコンのデスクトップにある「名刺作成」というファイルを開きます。

・そこの（ ① ）には「SST 株式会社」という会社名を入力します。

・（ ② ）には名前を、（ ③ ）にはフリガナをカタカナで入力します。

他の指導者や生徒へ質問しなければいけない課題内容を設定する

・作るのは、Aさん（別の指導者）、Bさん（別の生徒）、Cさん（別の生徒）の3名分です。ではお願いします。

```
（ ① 　　　　　　）


　　　　　　（ ③ 　　　　　　）
　　（ ② 　　　　　　　）

住所：○○県□□市△△5-20
TEL：×××─○○─□□□
E-mail：~~~~~@・・・・
```

生徒の実態に応じて、住所やTELなども聞き取らせてもよい。

配布物 11-2　　質問の仕方のポイント（継次処理優位ならばこちら）

質問の仕方のポイント

1．相手の様子を見て，質問できる
　　タイミングかを図る

2．前置きをする

3．具体的に質問する

4．お礼を言う

※イラストでスキルのポイントを分かりやすく提示する。配布物11-2・3 は同じ内容である。両面印刷して生徒が分かりやすい方を選べるようにしてもよい。同時処理，継次処理の解説は，30p を参照。

配布物 11-3 質問の仕方のポイント（同時処理優位ならばこちら）

配布物 11-4　　振り返りシート

ポイントを意識してできたか,チェックして見よう!(できたら,○を付けよう)

	自己チェック	他者チェック
タイミング		
前置きの言葉		
具体的な質問		
お礼		

授業例 11-3　　質問の仕方のロールプレイのやり方

①作業指示を聞き作業を行うが，質問しなければいけないことに気が付く。

Aさん，Bさんの名前の漢字が分からないから質問してこなきゃ！

②相手の状況を確認する。

今なら質問しても大丈夫そうだ！

③前置きをしてから，質問する。

お仕事中失礼します。

名前の漢字を教えてもらって良いですか？

④お礼を言い，作業に戻る。

ありがとうございました！

職場で注意された時の対応

1 目標
・注意や指導された時の適切な対応方法を理解する。
・注意や指導を受け止め，気持ちをコントロールするスキルを身に付ける。

	活動	配慮事項・教材
テーマの教示5分	●テーマとその意義の確認 ・注意された時に適切に対応することの必要性を確認する。 ●「不快指数表」プリントの記入 ・提示された状況で，「どのような気持ち」に「どの程度（5段階）」なるかを考え，記入する。	配布物 11-5 テーマの意義を参加生徒の日常生活に即して伝える。 不快な気持ちにも段階があると気付かせる。
モデリング10分	●悪いモデルの提示（①上司と部下，②店員と客） ①指示通りに作業したが，上司に注意され，「嫌われている」「いじめられている」と考え落ち込む。 ②突然客に文句を言われて，イライラしてふてくされた態度をとる。 ●良いモデルの提示（上司と部下） ③ポイントを踏まえた対応をする。 ・モデルの悪い点，良い点について意見を発表する。	教材資料 11-7 モデルの注目すべきポイントを伝える。 悪いモデルの内容は参加生徒の実態に応じて設定する。
スキルの教示10分	●注意や指導された時のポイントを確認 ・注意や指導された時の対応のポイントを提示する。	配布物 11-6 ポイントをパワーポイントやピクチャーカードで提示する。 ②は「深呼吸」，「自己会話」，「心地よいイメージ」などの方法もあることを伝える。
ロールプレイ・フィードバック15分	●「考え方を変えてみよう」プリントの記入 ・どのように考え方を変えたら不快指数を下げることができるかを考え，記入し，交流する。 ●注意や指導された時の対応のロールプレイ　　授業例 11-4 ・指導者が上司／客の役割を行い，注意や指導された場面の対応を行う。 ●ロールプレイの振り返り ・　配布物 11-6　のポイントに沿って自己評価する。 ●良かった点のフィードバック ・ロールプレイについて，ポイントに沿って良かった点を指導者が伝える。	配布物 11-7 「自分のために注意してくれた」や「たまたま今日は機嫌が悪かった」など，考えの変え方の具体例を伝える。 ロールプレイがうまくできなかった場合は，　配布物 11-6　などを活用し，ポイントを確認する。
まとめ10分	●まとめ ・注意や指導された時の対応のポイントを確認する。	

2　準備する物　ロールプレイで使う道具，不快指数表〈配布物11-5〉，振り返りシート〈配布物11-6〉，「考え方を変えてみよう」プリント〈配布物11-7〉

3　留意点

　リハーサル場面は真剣にやらなければ対応の練習にならないため，生徒同士より指導者と生徒でやる方が望ましい。気持ちの落ち着け方は一人ひとりの意見を尊重し，アイデアを共有する。

教師の教示例	板書例
「今日は職場で注意されたり，指導された時にどのようにしたら良いかを勉強します。指示された通りにやったつもりなのに，怒られたり注意されたりした時に，どのような気持ちになりますか。またどう対応しますか」 「注意や指導された時に感じる落ち込みやイライラした気持には強さの段階があります。プリントに示した３つの場面で，みんなはどのような気持ちに，どの程度になるか書き込みましょう」	上司／先輩から注意や指導された時の対応
「これから注意や指導された時の対応に関する２つのモデルを見てもらいます。１つ目は，上司に注意された時の部下の対応に，２つ目は，客に文句を言われた時の店員の対応に注目してください」 「今の２つのモデルはどこが悪かったでしょうか。どうしたら良いでしょうか」 「３つ目のモデルはどうでしょうか」	モデル①：注意されて落ち込み過ぎている モデル②：客に対して失礼な態度を取っている モデル③：気持ちを切り替えて，適切に対応している ※モデルごとの意見を板書
「注意や指導された時の対応のポイントは，不快指数を下げるよう考え方を変える，気持を落ち着ける，注意を最後まで聞き『すみませんでした。次から気を付けます』と言うことの３点です」 「どうしても納得できない場合は，別の先輩などに相談することも大切です」	注意や指導されたときの対応のポイント ①考え方を変える ②気持ちを落ち着ける ③注意を最後まで聞き，「すみませんでした。次から気を付けます」と言う ※納得できない場合には，相談する
「注意や指導された時に，『自分は嫌われている』や『自分はダメな人間だ』という考えから，『自分のために注意してくれた』『次に頑張れば大丈夫』など考え方を変えて不快指数を下げることが大切です。プリントの３つの場面で，不快指数を下げるために，みんなはどのように考え方を変えますか」 「これから一人ずつに作業を指示するのでやってみてください。注意や指導された時に，先ほどのポイントを意識して適切な対応をできるようにしましょう」 「自分のロールプレイを振り返って，振り返りシートを記入し自分でチェックしましょう。他の人に聞いた他者評価も書き込みましょう」	不快指数を下げるための考えの変え方 ※場面ごとに生徒からの意見を板書する。
「今日は，注意や指導された時の対応を学習しました。注意や指導された時には感情的にならず適切に対応することの大切さや，対応する時に気を付けるポイントは分かりましたか」	注意や指導された時の対応のポイントを再度提示する。

教材資料 11-7　　モデリングの例

悪いモデル①

Aさん（上司）「ちょっとBさん、この書類の内容，間違っているじゃないか。ちゃんと
　　　　　　　　説明したでしょ！」（怒りながら、注意する）

Bさん（部下）「はい…」（小声で）
　　　　　　　　（その場を離れてから）「Aさんが言ったとおりにまとめたのに。いつも
　　　　　　　　注意ばかり。Aさんは私のことが嫌いなんだ。だから嫌がらせしてるん
　　　　　　　　だ！」

悪いモデル②

Cさん（お客）「ちょっと、店員さん。広告に載っている商品がなんで一個もないのよ。
　　　　　　　　どういうこと！」（少し怒りながら文句を言う）

Dさん（店員）「はい……」（小声で言う）

Cさん（お客）「ちゃんと聞いてるの？！　わざわざ買いに来たのに、ちゃんと在庫ぐら
　　　　　　　　い用意しておいてよね！」（怒りながら言う）

Dさん（店員）「すみません……（そんなこと言われても，お客さんはあなただけじゃな
　　　　　　　　いし，しかたがないじゃん，という気持ちになりふてくされた表情を見
　　　　　　　　せる）」

良いモデル③

Eさん（上司）「ちょっとBさん、この書類の内容，間違っているじゃないか。ちゃんと
　　　　　　　　説明したでしょ！」（怒りながら、注意する）

Fさん（部下）「すみません。次から気を付けます。（今回は失敗したけど、これを生か
　　　　　　　　して次から頑張れば大丈夫と前向きな態度）」

配布物 11-5　　不快指数表

●次の３つの場面で，あなたはどのような気持ちになりますか。下の不快指数表に書き込みましょう。

①自分のミスで怒られる

②指示通りしたのに怒られる

③客からの理不尽なクレーム

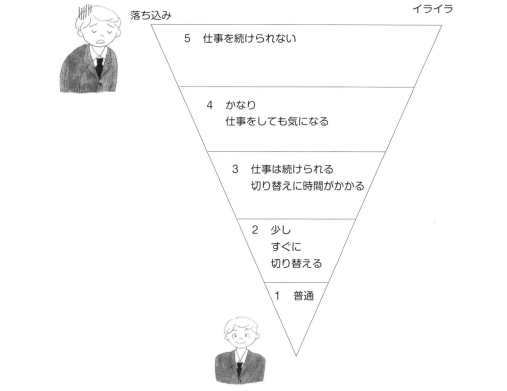

落ち込み　　　　　　　　　　　　　　　　　　　　　　イライラ

5　仕事を続けられない

4　かなり
　　仕事をしても気になる

3　仕事は続けられる
　　切り替えに時間がかかる

2　少し
　　すぐに
　　切り替える

1　普通

配布物 11-6 注意や指導された時の対応のポイントと振り返りシート

1．注意や指導された時の反応

ポイント①：考え方を変える

ポイント②：気持ちを落ち着ける

| 深呼吸 | 自己会話（自分で自分にポジティブな言葉をかける） | 心地よいイメージ |

ポイント③：相手の注意を聞き，謝罪＋「次から気をつけます」と言う

2．振り返りシート

	自己チェック	他者チェック
考え方を変える		
気持ちを落ち着ける		
謝罪＋次から気を付けます		

ポイントを意識してできたか，自分でチェックして見よう！（できたら，○をつけよう）

配布物 11-7 「考え方を変えてみよう」プリント

授業例 11-4　　注意や指導された時の対応のロールプレイのやり方

①仕事の失敗で上司に注意される。

ちゃんとやってよ！
どうやって責任取るの？！

※どんな仕事を頼むかは生徒の実態に合わせて設定するとよい。

②考え方を変える。

次から気を付ければ大丈夫だ。
次，頑張ろう！

ちゃんと聞いてる？

③気持ちを落ち着ける。

気を付けてよね！

落ち着け！
まずは注意をちゃんと聞こう。

④「すみませんでした。次から気を付けます」と言う。

すみませんでした。
次から気を付けます。

職場での報告の仕方

1　目標
・相手の立場に立って，適切に報告することの必要性を理解する。
・実際に作業の中で実践し，適切な報告の仕方を身に付ける。

	活動	配慮事項・教材
テーマの教示 5分	●テーマとその意義の確認 ・職場で，仕事の経過について適切に報告することの大切さを確認する。	テーマの意義を参加生徒の日常生活に即して伝える。
モデリング 10分	●悪いモデルの提示（後輩と先輩） ①仕事が終わったら，その場で「できました」と報告する。 ②仕事が終わっても報告せず，次の仕事をする。 ●良いモデルの提示（後輩と先輩） ③ポイントを踏まえた報告をする。 ・モデルの悪い点，良い点について意見を発表する。	教材資料 11-8 モデルの注目すべきポイントを伝える。 悪いモデルの内容は参加生徒の実態に応じて設定する。
スキルの教示 10分	●報告の仕方のポイントを確認 ・適切な報告の仕方のポイントを提示する。	配布物 11-8 配布物 11-9 ポイントをパワーポイントやピクチャーカードで提示する。 ポイント①では，「質問の仕方」同様，相手のタイミングを確認することも伝える。
フィードバック 15分 ロールプレイ・	●報告の仕方のロールプレイ　授業例 11-5 ・生徒はアンケート用紙を封筒に詰める等の指示された作業内容を行う。 ・指示された作業が終わったら，ポイントを意識しながら報告する。 ●ロールプレイの振り返り ・ポイントに沿って自己・他者評価する。 ●良かった点のフィードバック ・ロールプレイについて，ポイントに沿って良かった点を指導者が伝える。 ・振り返りシートを記入し，定着できたか確認する。	配布物 11-10 自然な状況でスキルを発揮できるよう，職場で仕事を行っているという状況を設定する。 ロールプレイがうまくできなかった場合は，振り返りシートなどを活用し，ポイントを再度確認する。
まとめ 10分	●まとめ ・報告の仕方のポイントを確認する。	

2　準備する物　ロールプレイに使う道具，報告の仕方のポイント〈配布物11-8，11-9〉，報告の仕方のポイントと振り返りシート〈配布物11-10〉

3　留意点

「できました」だけではなく，相手の立場に立ち適切な報告の仕方を考えさせる。ロールプレイではこれまで学んだスキルを活用し，実際に作業を行わせた後に報告する機会を設定する。

教師の教示例	板書例
「今日は仕事をしている中で，報告をどのようにしたらよいか勉強します」 「みんなは，頼まれたり指示されたりした仕事が終わった時に，どうしますか。終わったことを伝える時には，どんなことに気を付けますか」	指示されたり頼まれたりした仕事が終わった時の対応
「これから報告の仕方の2つのモデルを見てもらいます。作業が終わった後の後輩の対応に注目してください」 「今のモデルはどこが悪かったでしょうか。どうしたら良いでしょうか」 「3つ目のモデルはどうでしょうか」	モデル①：自分の場所で先輩に話しかけていて失礼 モデル②：報告していない モデル③：何が終わったのかまで具体的に報告している ※モデルごとに生徒からの意見を板書する。
「報告の仕方のポイントは，①自分から報告する相手のところに行く，②『お仕事中，すみません』と前置きをする，③『～が終わりました』と具体的に伝えることの3点です」	報告の仕方のポイント ①相手のところに行く ②「お仕事中，すみません」と言って話しかける ③「～が終わりました」と具体的に伝える
「これから，一人ずつに作業を指示するので，皆さんは指示された作業を行ってください。指示された作業が終わったら，ポイントを意識して報告しましょう」 「自分のロールプレイを振り返って，適切に報告することができたか，自分でチェックしましょう。自分でチェックしたら，他の生徒や先生からもチェックしてもらいましょう」	
「今日は，報告の仕方を学習しました。適切に報告することの大切さや，報告する時に気を付けるポイントは分かりましたか」	（報告の仕方のポイントを再度提示する）

教材資料 11-8　モデリングの例

悪いモデル①
後輩（依頼された入力作業をしている）
後輩（自席に座ったまま，手に持っている書類を振り回して離れたところで作業をしているＢさん（先輩）に大きな声で話しかける）「Ｂさん，頼まれてた作業終わりました」
悪いモデル②
後輩（依頼された入力作業をしている）
後輩「よし、Ｂさんから頼まれた作業が終わった。次は、こっちの作業やればいいのかな。」
（依頼したＢさん（先輩）に報告せず，勝手に別の作業を始める）
良いモデル③
後輩（依頼された入力作業をしている）
後輩（作業中参照していた書類を持って，依頼したＢさん（先輩）の席まで移動する）
後輩「Ｂさん、お仕事中すみません。午前中に依頼された書類の入力と確認が終わりました」

配布物 11-8　報告の仕方のポイント（継次処理優位ならばこちら）

報告の仕方のポイント

1．相手のところへ行く

2．前置きを言う

お仕事中,
失礼します。

3．具体的に報告する

○○の仕事が
終わりました。

※イラストでスキルのポイントをわかりやすく提示する。配布物11-8，9 は同じ内容である。両面印刷して生徒がわかりやすい方を選べるようにしてもよい。同時処理，継次処理の解説は，30p を参照。

配布物 11-9　　報告の仕方のポイント（同時処理優位ならばこちら）

配布物 11-10 報告の仕方のポイントと振り返りシート

1　報告の仕方のポイント

相手のところへ行く

お仕事中,
失礼します。

前置きを言う

○○の仕事が
終わりました。

具体的に報告する

2　振り返りシート

ポイントを意識してできたか,チェックして見よう!(できたら,○を付けよう)

	自己チェック	他者チェック
相手のところへ行く		
前置きの言葉		
具体的な報告		

授業例 11-5　　報告の仕方のロールプレイのやり方

①作業指示を聞き作業を行う。

②作業が終わったら，上司のところへ行く。

③「お仕事中すみません」と前置きをする。

お仕事中,
すみません。

④「～が終わりました」と報告する。

封筒の住所と名前の確認の仕事が終わりました。

職場での援助の求め方

1　目標
・仕事をする上で，他者に援助・協力を求めることの必要性を理解する。
・援助や協力を求めるスキルを身に付け，ロールプレイで実践することができる。

	活動	配慮事項・教材
テーマの教示5分	●テーマとその意義の確認 ・援助や協力を求めることよりも，それができずに作業が遅くなったり失敗したりする方が周りに迷惑をかけてしまう。援助や協力を求めることの必要性を確認する。	テーマの意義を参加生徒の日常生活に即して伝える。
モデリング10分	●悪いモデルの提示（後輩と先輩） ①指示された内容が理解できない。 ②指示された時間内に作業が終わらない。 ●良いモデルの提示（後輩と先輩） ③ポイントを踏まえた援助・協力の求め方をする。 ・モデルの悪い点，良い点について意見を発表する。	教材資料 11-9 モデルの注目すべきポイントを伝える。 悪いモデルの内容は参加生徒の実態に応じて設定する。
スキルの教示10分	●援助・協力を求める際のポイントを確認 ・適切な援助・協力の求め方のポイントを提示する。	教材資料 11-10 教材資料 11-11 ポイントをパワーポイントやピクチャーカードで提示する。
ロールプレイ・フィードバック15分	●「援助・協力を求める場面」プリントの記入 ・場面ごとに，どのようなことで困るか，どのように援助を求めるべきかを考え記入し，記入した内容を交流する。 ●援助・協力の求め方のロールプレイ　授業例 11-6 ・生徒は指示された作業内容を行う。 ・ポイントに沿って自己・他者評価をする。 ●良かった点のフィードバック ・ロールプレイについて，ポイントに沿って良かった点を指導者が伝える。 ・「振り返りシート」に記入しスキルが定着しているか確認する	教材資料 11-12 配布物 11-11 配布物 11-12 「他生徒に協力を求める」スキルを発揮する場面設定の，複数の生徒に作業を行わせる。 ロールプレイがうまくできなかった場合は，振り返りシートなどを活用し，ポイントを再確認する。
まとめ10分	●まとめ ・援助・協力の求め方のポイントを確認する。	

※「援助」という言葉が難しいときは「助け」などに言いかえる。

2　準備する物　援助・協力を求める場面〈配布物11-11〉，振り返りシート〈配布物11-12〉

3　留意点

　他者へ援助・協力を求めることの必要性を理解させることが重要である。また，可能な限り多様な場面を想定したロールプレイを行うことで，手伝ってもらう必要がある場面を具体的に学ぶ。

教師の教示例	板書例
「仕事で分からない時，困った時に，そのままにしているとうまくいきません。みんなは，そういう時にどうしますか」 「援助や協力を求めることが苦手な人もいると思いますが，それができずに作業が遅くなったり失敗したりすると，周りにより迷惑をかけてしまうので，必要な時に自分から援助や協力を求められることが大切です」	困ったこと，できないことがあった時の対応
「これから援助・協力を求める２つのモデルを見てもらいます。作業をしていて困った時の後輩の対応に注目してください」 「今のモデルはどこが悪かったでしょうか。どうしたら良いでしょうか」 「３つ目のモデルはどうでしょうか」	モデル①：指示された内容を理解できていない モデル②：時間内に作業が終わっていない モデル③：困った時に自分から援助を求めることができている ※モデルごとの意見を板書。
「援助・協力を求めるポイントは，『すみません』と前置きをする，援助してもらいたい理由を伝える，援助してもらいたい内容を伝える，お礼を言うことの４点です」	援助・協力を求めるポイント ①前置き：「すみませんが」 ②理由：「○○なので」 ③依頼：して欲しいことを言う ④お礼：「ありがとうございます」
「プリントに，各場面で考えられる『困ること』とそれに対する『必要な助け・協力』を書いてください」 「書き終わったら，グループで交流しましょう」 「これから，一人ずつに作業の指示を行うので，やってみてください」 「作業を行っていて困った時や分からなくなった時には，ポイントを意識して自分から援助・協力を求めることができるようにしましょう」 「自分のロールプレイを振り返って，自分でチェックしましょう。自分でチェックし終わったら，他の人や先生にもチェックしてもらいましょう」	
「今日は，援助・協力の求め方を学習しました。困った時や分からない時に援助・協力を求めることの大切さや，気を付けるポイントは分かりましたか」	援助・協力を求めるポイントを再度提示する。

教材資料 11-9　モデリングの台詞例

悪いモデル①

> 後輩（A）：指示された内容が理解できない
> 先輩（B）：後輩に仕事の指示をする

B：Aさん，仕事頼みたいんだけど，今いい？

A：はい。（メモを出す）

B：会議室の机と椅子を並べてください。

A：会議室の机と椅子ですね，はい。

B：並べ方は，会議室の前方の真ん中に机を1つ，向かって右側にも机を1つと椅子一脚を置きます。

A：会議室の前の真ん中に机を置き，右側に机と椅子を1つずつ，ですね。

B：机2つをくっつけて周りに椅子を8脚セットにして，それを5つ作って，横2つ縦に3つ並べます。

A：机2つをくっつけて……？　横に2つ？？　どんな形だ？？

B：あと，反対側の入り口付近にも机を1つと椅子を1つ置きます。

A：はい，入り口付近に机と椅子ですね，分かりました。

B：今日のお昼までにやっておいてください。

A：あ，はい……。どんな形か全然イメージできない……。

机2つをくっつけて周りに椅子を……。

悪いモデル②

後輩（A）：作業をするが，指示された時間内に終えることができない
先輩（B）：後輩に仕事の指示をする

B：Aさん，仕事頼みたいんだけど，今いい？
A：はい。（メモを出す）
B：商品の注文書を作成してください。
A：（メモしながら）はい，注文書の作成ですね。
B：注文する商品はこのリストにある10個の商品で，商品番号
　　などはカタログで調べてください。
A：リストにある10個の商品をカタログで調べる，はい。
B：急いでいるので，10分以内にお願いします。
A：分かりました。10分以内ですね。
　（作業に取りかかる）
A：（作業しながら）え～，どうしよう！？　もうすぐ10分だけ
　　ど，半分しか終わってない。

どうしよう！？

良いモデル③

後輩（A）：時間内に指示された作業が終わらないため，時間を延ばしてもらうよう頼む
先輩（B）：後輩に仕事の指示をする

B：Aさん，仕事頼みたいんだけど，今いい？
A：はい。（メモを出す）
B：商品の注文書を作成してください。
A：（メモしながら）はい，注文書の作成ですね。
B：注文する商品はこのリストにある10個の商品で，商品番号などはカタログで調べてくだ
　　さい。
A：リストにある10個の商品をカタログで調べる，はい。
B：急いでいるので，10分以内にお願いします。
A：分かりました。10分以内ですね。（作業に取りかかる）
A：（作業しながら）このままじゃ，時間内に終わらなさそうだな。
A：（Bの側へ行き）すいませんが，先ほどの注文書作成の仕事ですが，カタログで調べるのに
　　時間がかかり10分では終えることができないため，もう10分間時間を延ばしてもらっ
　　ても良いでしょうか。
B：分かりました。では，もう10分後までにお願いします。
A：分かりました。ありがとうございます。

教材資料 11-10　援助・協力の求め方のポイント（継次処理優位ならばこちら）

※イラストでスキルのポイントを分かりやすく提示する。教材資料11-10，11 は同じ内容である。両面印刷して生徒がわかりやすい方を選べるようにしてもよい。同時処理，継次処理の解説は，30p を参照。

教材資料 11-11　　援助・協力の求め方のポイント（同時処理優位ならばこちら）

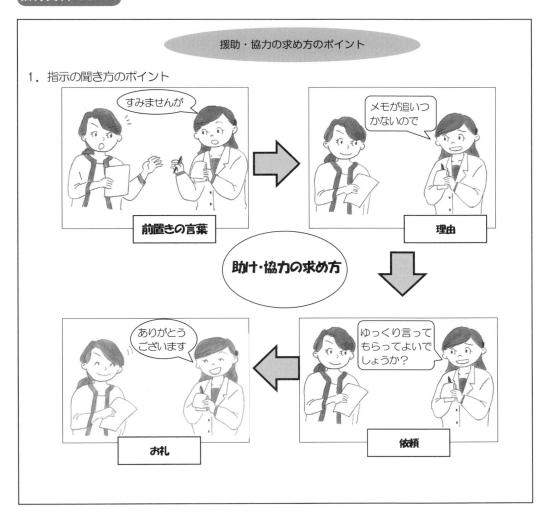

教材資料 11-12 援助・協力の求め方のロールプレイの作業指示書の例

指示をゆっくり言ってもらう・書いてもらうよう求める　パターン

・この文章をFAXで送るから，FAX送信票を作成してください。

・宛先は，株式会社SSTカンパニー，営業部担当のC沢D夫　様，
　FAX番号が0123-○○─4567です。

・件名は「資料の送付について」です。

・用件には，「1　会議資料　　1部」と書いておいてください。
　早急に作成して持ってきてください。

> 長めの指示，人名・地名などの漢字を聞き取らせる内容とする

時間の延長を求める　パターン

・アンケートの入力作業をやってください。

・入力するアンケートはここにあるもの全てです。

・パソコンのデスクトップに「アンケート集計」というエクセルファイル
　があるので，そこに日付ごとに入力してください。

・時間は，5分以内です。終わったら，報告してください。お願いします。

> 他生徒に協力してもらいにくい作業内容とする

> 用意したアンケートの分量と生徒の作業速度を考慮し，やや少ない時間を設定する

他生徒に協力を求める　パターン

・封筒にアンケートを詰める作業をやってください。

・ここにあるアンケート2枚を1セットにしてホチキス止めします。

・それを3つ折りにして，長3の封筒に入れていってください。

・ここにあるアンケートを全て入れ終えたら，封筒を持ってきて報告してください。

・今から10分以内でやってください。

> 他者と協力してやった方が明らかに効率がよい作業内容とする

> 用意したアンケートの分量と生徒の作業速度を考慮し，少ない時間を設定する

配布物 11-11　「援助・協力を求める場面」プリント

「助け・協力を求める場面」プリント

1. 各場面で考えられる「困ること」とそれに対する「必要な助け・協力」を書きましょう。

作業指示を聞く	困ること	必要な助け・協力

作業を行う	困ること	必要な助け・協力

作業後に報告・納品する	困ること	必要な助け・協力

＜想定される内容・伝えておくべき内容＞

作業指示を聞く場面
・指示が速くて聞き取れない
　→ゆっくり言ってもらう

・漢字などが分からない、イメージがつかない
　→書いて／描いてもらう

作業を行う場面
・時間内に作業が終わらない
　→周囲の人に協力してもらう
　→時間を延長してもらう

・一人では作業ができない
　→周囲の人に協力してもらう

・複数人でやったほうが効率的
　→周囲の人に協力してもらう

作業後に報告・納品する場面
・一人では運べない
　→周囲の人に協力してもらう

配布物 11-12　　振り返りシート

自己・他者チェック

　ポイントを意識してできたか，チェックしてみよう！（できたら，○をつけよう）

	自己チェック	他者チェック
前置きの言葉		
理由		
依頼		
お礼		

授業例 11-6　　援助・協力の求め方のロールプレイのやり方

①作業指示を聞き作業をするが，一人では仕事が終わらず，協力を求める必要があることに気付く

このままじゃ，終わらなそう……。

手伝ってもらった方がいいかな！

②他の生徒の近くへ行き，前置きを言う

すみませんが……。

③理由と手伝って欲しいという協力の依頼をする

作業が終わらないので，手伝ってもらってもいいですか？

④引き受けてもらい，お礼を伝える

いいですよ！

ありがとうございます！

執筆者紹介

第1章　理論編

1	本書の目的	熊谷　恵子（編著者）
2	現代の中高生の問題	熊谷　恵子
3	中高生が身に付けるべきスキル	熊谷　恵子
4	発達障害のある子どもに身に付けてほしいスキル	熊谷　恵子
5	非行・犯罪との関連で見えてきたスキルの問題	熊上　崇（編著者）
6	働く上で必要なスキル	坂内　仁（編著者）
7	ソーシャルスキルトレーニング（SST）とは	熊谷　恵子

第2章　準備編

1	SST のための準備	熊谷　恵子
2	子どもの実態把握と変化の把握	熊谷　恵子
3	SST を行う時間	熊谷　恵子
4	SST を行うための前提	熊谷　恵子
5	SST の効果測定	熊谷　恵子
6	定時制高校の SST年間計画の説明	坂内　仁

第3章　事例編　　熊谷 恵子・熊上　崇・坂内　仁

※本章は，筑波大学大学院熊谷恵子研究室に所属した方たちが，考案・担当したプログラムが元となっている。以下の各プログラム名に担当者を付記した。

1　自己紹介

自己紹介の仕方①　尾形 雅徳（Lilav代表取締役）

自己紹介の仕方②　後藤 琢磨（元筑波大学大学院人間総合科学研究科博士後期課程在籍）

自己紹介の仕方③　山本 ゆう（松本大学教育学部専任講師）

2　話し合いの仕方

話し合いの仕方　尾形 雅徳

上手な話の進め方（始め方，続け方）について

　　　　　佐藤 七瀬（筑波大学大学院人間総合科学研究科博士後期課程）

3　上手な断り方

上手な断り方①　田部井広旗（VRST開発エンジニア）・後藤 琢磨

上手な断り方②　田部井広旗・後藤 琢磨

上手な頼み方　五十嵐 千明（川崎市特別支援学校教員）

（所属・肩書きは 2022 年現在）

◎編著者紹介

熊谷 恵子（くまがい・けいこ）

筑波大学人間系教授。博士（教育学）。九州大学理学部化学科卒業。理科系の職業を経て，筑波大学大学院教育研究科障害児教育専攻修了，筑波大学大学院博士課程心身障害学研究科単位取得退学。その後，筑波大学助手・講師・助教授・准教授を経て現職。特別支援教育士ＳＶ，臨床心理士，言語聴覚士，公認心理師。日本ＬＤ学会監事。日本K-ABCアセスメント学会副理事長。主な著書に『心理検査のフィードバック』（監修，図書文化社）『通常学級で役立つ　算数障害の理解と指導法──みんなをつまずかせない！　すぐに使える！　アイディア48』（共著，学研プラス）『アーレンシンドローム──光に鋭敏なために生きづらい子どもたち』（幻冬舎メディアコンサルティング）などがある。

熊上 崇（くまがみ・たかし）

和光大学現代人間学部心理教育学科教授。立教大学教育学科卒業後，家庭裁判所調査官として，札幌，いわき，東京，川越，横須賀で勤務した後，立教大学コミュニティ福祉学部助教を経て現職。筑波大学大学院人間総合科学研究科生涯発達科学博士後期課程修了。博士（リハビリテーション科学），特別支援教育士ＳＶ，公認心理師。日本K-ABCアセスメント学会常任理事。主な著書に『ケースで学ぶ司法犯罪心理学──発達・福祉・コミュニティの視点から』『発達障害のある触法少年の心理・発達アセスメント』（明石書店），『心理検査のフィードバック』（編著，図書文化社）などがある。

坂内 仁（ばんない・ひとし）

北海道教育庁学校教育局特別支援教育課主任指導主事。北海道大学教育学部教育学科卒業。高等学校，特別支援学校の教員として，北海道で勤務した後，北海道教育委員会指導主事を経て現職。筑波大学大学院人間総合科学研究科障害科学専攻博士前期課程修了。修士（特別支援教育学），特別支援教育士，臨床発達心理士，公認心理師。『心理検査のフィードバック』（分担執筆，図書文化社）などがある。

イラスト

内藤 萌（児童発達支援・放課後等デイサービス職員）
角田 茉里恵（社会福祉法人青い鳥　横浜市東部地域療育センター　保育士）

中高生のソーシャルスキルトレーニング

「話し合い活動」を取り入れた青年期の諸課題への対応

| 2023年3月31日 初版第1刷発行 | ［検印省略］ |
| 2023年12月20日 初版第2刷発行 | |

編著者　熊谷恵子

　　　　熊上　崇

　　　　坂内　仁

発行者　金子紀子

発行所　株式会社　金子書房

　　　　〒112-0012　東京都文京区大塚3−3−7

　　　　電　話　03-3941-0111代　FAX 03-3941-0163

　　　　振　替　00180-9-103376

　　　　https://www.kanekoshobo.co.jp

印刷／藤原印刷株式会社　　製本／有限会社井上製本所

ISBN 978-4-7608-2854-8　　C3011